个体崛起

未来生存法则

水木然 道商学院 著

電子工業出版社.
Publishing House of Electronics Industry
北京·BEIJING

内容简介

互联网时代，社会的组织结构发生着巨变，个体经济将开始大放异彩，未来社会经济的基本单元不再是企业，而是个体。

在这种变化中，如何围绕核心竞争力来构建商业模式，在市场上取得独特地位？每个人的核心竞争力是什么？本书围绕经济战略布局、个体发展规划的生存模式予以分析与梳理，同时把个人命运与国家命脉紧密地联系在一起，充满正能量，旨在给读者以反思与启示。

未经许可，不得以任何方式复制或抄袭本书之部分或全部内容。

版权所有，侵权必究。

图书在版编目（CIP）数据

个体崛起：未来生存法则 / 水木然，道商学院著 . —北京：电子工业出版社，2017.8

ISBN 978-7-121-32596-0

Ⅰ．①个… Ⅱ．①水… ②道… Ⅲ．①个体经济—通俗读物 Ⅳ．① F121.23-49

中国版本图书馆 CIP 数据核字（2017）第 210705 号

策划编辑：李 洁
责任编辑：刘真平
印　　刷：河北虎彩印刷有限公司
装　　订：河北虎彩印刷有限公司
出版发行：电子工业出版社
　　　　　北京市海淀区万寿路 173 信箱　　邮编：100036
开　　本：720×1000　1/16　印张：14.5　字数：188 千字
版　　次：2017 年 8 月第 1 版
印　　次：2025 年 4 月第 22 次印刷
定　　价：49.00 元

凡所购买电子工业出版社图书有缺损问题，请向购买书店调换。若书店售缺，请与本社发行部联系，联系及邮购电话：（010）88254888，88258888。

质量投诉请发邮件至 zlts@phei.com.cn，盗版侵权举报请发邮件至 dbqq@phei.com.cn。

本书咨询联系方式：lijie@phei.com.cn。

这个时代变化有多快？

从第一台计算机诞生到互联网发明，不过44年；

从门户网站到电子商务的崛起，不过5年；

从智能手机普及到微商遍地，不过1年。

这是一个怎样的时代？

这不是金星撞击火星，也不是火星撞击地球，而是"新世界"在撞击"旧世界"！

让我们来回顾一下前几年发生的事吧。

网店革了实体店的命，滴滴革了出租车的命，自媒体革了报纸的命，直播革了电视的命，微信革了移动的命，支付宝还要革银行的命……

新城区正在取代老城区，90后开始赶超70后，平台化正在代替公司化……

互联网不断地吞噬着传统行业，也是"新世界"对"旧世界"的猛烈撞击！

没有一种商业模式是长存的；

没有一种竞争力是永恒的；

没有一种资产是稳固的。

科技革命、互联网浪潮、经济危机、地区冲突等不断加剧，它们争先恐后地给世界洗牌。

柯达、诺基亚可以一夜间倒下去；索尼、松下可以瞬间在市场上消失；家乐福、华堂商场可以说撤就撤；就连阿里巴巴、百度、腾讯、京东也随时可能沦为传统企业。

无论你是一家什么样的企业，总有一款危机在等待你。所谓百年企业在这个年代只能代表过去。

无论你是一个多么优秀的人，总有一种革新针对你。机器人要取代蓝领，人工智能要取代白领。

前言

　　这是从未有过的革命浪潮，我们身处新旧世界交替的夹缝里，每一个人都在夹缝里求生存。

　　我们不安，我们彷徨，我们期待。每一个时代，都成全了一批人，也淘汰了一批人。

　　第一批被成全的是胆大的人，例如，20世纪90年代去深圳开发房地产的，如今都身价不菲了；2004年开淘宝店的，坚持下来年销售额也能轻松过千万了；2005年开始炒房地产的，如今固定资产动辄几个亿；2007年开始炒股的，几乎都是坐等着赚钱……

　　第二批被成全的是嗅觉灵敏的人，例如，2010年玩微博的人都成了大V；2012年开始四处转帖做公众号的人，如今都融资成功了；2014年做微商的人都成了网红；2015年开滴滴的人动不动月入好几万；2016年做直播的人即使是农村出身的也已经红了……

　　如今，世界正在成全第三批人，他们应该是一群这样的人：

　　有文化、有知识；懂创新、会创造；读懂时代、迎接变革；携带正能量、愿意改变世界。

　　当下正在发生的事情，我们称之为个体崛起，而中国也将进入一个超级个体时代！

进一步来说，互联网释放了我们的个性，催生了大量自由职业者，无数平台的崛起，使你有机会参与创造和价值输出。你越有能力、越有特点、越有特长，就越不需要依附某个公司。

今后每一个人都是独立的经济体，个人的创造力得到了极大的释放。相反，那些资质平平的泛泛之辈，或者始终找不到定位的人，也许只能依附于组织的安排、听从别人的指使才能生存，所以工薪阶层必将沦为社会的底层。

中国正在淘汰那些依靠特权、资源、一时机遇并且思维还很僵化的人。转型之痛，就好比一个新生儿即将呱呱坠地，此时妈妈正在咬紧牙关挺过最后的阵痛。不要着急，这只是一场产前阵痛。

未来的中国，将实现按需定制、按兴趣组队、按人群服务、小批量制作、不断迭代，所以产能过剩将不再存在。

天真的变了，你还在原地踏步吗？

如果你有很多经验和积累，请先甩掉它，因为它们正在变成一种累赘和负担。

如果你初出江湖一无所有，请不要胆怯，因为这崭新的世界就是为你而准备的。

对于有的人来说，这是最坏的时代，因为一切都变得开放、公开，混天度日的人再也无法藏匿，抱残守缺的人将寸步难行。

对于有的人来说，这又是最好的时代，因为一切尺度都变成了价值尺度，创新者会如鱼得水，创造者将大行其道。

未来，我们面对的将是一个怎样的世界？

那是一个三无的世界：无差价可赚、无工可打、无缝可钻。

所谓无差价可赚是指"旧世界"的信息是不对称的，这导致社会的"供给"和"需求"始终是错位的，这就需要"生意人"去对接，并从中谋利。而在"新世界"里，互联网使"供给"和"需求"精准连接，"中间环节"和"赚差价"都不存在了。

所谓无工可打是指"旧世界"遵循的是大工业逻辑，有的人只需要执行命令并不需要承担结果，这也是打工的本质。而在"新世界"里，个体开始崛起，公司开始平台化，每个人必须主动思考和去解决问题，并发挥特长为社会创造价值，否则就没有存在的价值。

所谓无缝可钻是指在"旧世界"里有很多不完善的地方，导致每个行业都有潜规则，这让很多人可以通过不正当的途径获得灰色收入。而在"新世界"里，法律、法规变得越来越完善，每个人都应该可以在公开、透明的氛围下做事。

归根结底，在"旧世界"里，每个人只需要是一个"价值传输点"；而在"新世界"里，每个人必须是一个"价值放大点"。

互联网浪潮下的新世界，就好像文艺复兴时期的欧洲。

文艺复兴让西方人从宗教的教义和戒律的束缚中解脱，发现人不是教会的玩物，而是宇宙的精华、万物的灵长，沉睡的灵魂被唤醒，所以有了"人文主义"。这直接导致了后来的英国资产阶级革命、启蒙运动、法国大革命、美国独立战争等世界性大事件的发生。

而互联网的本质也是自由、共享和协作，它使人们从传统社会秩序的枷锁中解脱，发现人不是社会活动中的零件，而是世界的中心，是万物的价值尺度，于是个体开始崛起，组织开始下沉，这叫"人本主义"。世界正在被推倒重建，一切无法预想。

长江后浪推前浪。

这是新旧世界的斗争，也是新兴阶层和守旧者的斗争。

古今中外，为何很多守旧者都不能寿终正寝？因为他们总是不会轻易地交出自己的权力，而新兴阶层迫切地需要给新世界制定新规则。所以路易十六要被推上断头台，而清帝退位就能自保，这就是对传统企业的昭示，也是对我们每个人的昭示。

这是一个伟大的时代，一切都在洗牌重来，一切都在觉醒！

五千年来，中国人的梦想无非就是大同世界，向往的是自由、平等、大爱，如今互联网正在帮助我们实现这些目标。

狄更斯说："这是最好的时代，也是最坏的时代。"

人们在时代面前应有尽有，人们在时代面前一无所有。

你是怎样的，这个世界就是怎样的。

目录
CONTENTS

目　录

第一章

挣 扎 与 瓦 解

第一节

Section

债 务 泡 沫

100年前，全球债务总额是0。

100年后的今天，全球债务总额是230万亿美元。

对于世界上的每一个人来说，绝大多数人还没有意识到这样一个事实：我们现在财富的增加，很大程度上并不是来自于生产力的提高，而是来自于被我们不断侵蚀的、我们明天的财富——全球债务，也就是说，我们一直生活在一个不断膨胀的"债务大泡沫"中。

什么是债务？债务就是我们在消费我们的明天。

这究竟意味着什么？如果先摆出结论的话，恐怕会吓到大家，那么我们就先从与债务息息相关的货币谈起。

一、货币的本质

货币的本质其实就是信用，它把我们的劳动成果以信用的形式储存起来，然后供我们随时取用。水往低处流，财往高处走，是哪个高处呢？当然是信用的高处。哪里充满信用，哪里就可以集聚财富。

那么什么东西才能储存这种信用呢？当然必须是具有普世价值，而且稀有、不可以被随便创造的，显然只有黄金最适合。所以在古代，货币大都以黄金白银来替代。

由于黄金不利于流通，必须用一种东西来代替它，于是出现了纸币和纸币发行方。而作为纸币发行方，必须有足够的信用作为货币保值的承诺，大家才相信你发行的货币是不会随意贬值的。怎样才能确保信用呢？人们想到了用黄金作抵押。其实还是一切围绕着黄金转。

二、全球通用货币

第二次世界大战结束之后，世界需要重建秩序，更需要一体化，此时发行一种通用货币变得尤为迫切，当然这也代表了一种至高无上的权力。每一个人都有自己的信用，比个人更有信用的是企业，比企业更有信用的是国家。所有此时有实力的国家都在争夺发行全球通用货币的权力。

显然这个权力属于拥有黄金最多的国家。

当时英国财政部长凯恩斯（约翰·梅纳德·凯恩斯，1883—1946，现代经济学最有影响的经济学家之一，宏观经济学的奠基人）试图用发行的英镑充当全球通用货币，企图重构大英帝国的荣光。但令人尴尬的是，此时的英国国库里黄金匮乏，这让凯恩斯大伤脑筋。而"二战"的暴发户美国却控制了全球80%的黄金储备，因此成了全球最有信用的国家，美元也因此成了全球通用货币。

现在大家可以明白一个事实，即为什么1美元可以兑换6元多人民币，这其实是变相地呈现这样一个事实：美国发行货币的信用是中国发行货币信用的6倍多，这是国家实力的体现。

1944年全球确立了"布雷顿森林体系"，规定每35美元兑换一盎司的黄金，其他各国政府或中央银行可按这个价格用美元向美国兑换黄金。为使黄金官价不受自由市场金价的冲击，各国政府需协同美国政府在国际金融市场上维持这一黄金官价。

全球经济体系就这样形成了，当然这也是"金本位"的时代。此时美国是不能随便发行美元的，因为每发行35美元，意味着金库里就要多储备1盎司黄金。于是，世界在平稳中运行。

随着美元作为全球通用货币，把持着世界经济的动向，美国有恃无恐，先后发动了朝鲜战争、越南战争，使世界不断地陷于战争的泥潭。而打仗必用的物资——石油，被海湾产油国收归国有后哄抬油价，这就使得美国的美元和黄金越来越少，到了1971年8月，美国的黄金储备大概只有8800多吨。

真是祸不单行，此时法国总统戴高乐把法国央行储备的22 ~ 23亿美元全部换成黄金拿了回来，这对美国又是沉重一击，而且对其他国家也产生了示范效应，纷纷将美元外汇拿去兑换黄金，这下美国慌了！1971年8月15日，时任美国总统的尼克松宣布美元与黄金脱钩。这标志着布雷顿森林体系瓦解的开始，也是美国第一次公开背叛了自己的信用。

三、美元开始祸乱世界

美元和黄金脱钩之后，美元必须找到新的信用作背书。还有什么能像黄金那样具备普世价值呢？只有石油！因为凡是需要生产活动的国家或企业都离不开石油，为了控制石油的主要产地——中东，美国不惜代价地先后发起阿富汗战争、海外战争、伊拉克战争，挑起阿拉伯和以色列之间的战争，分化中东，如今中东除了叙利亚和伊朗外，基本上都被美国控制或胁迫。欧佩克（Organization of Petroleum Exporting Countries，OPEC，石油输出国组织）于1973年10月接受了美国的条件：全球的石油交易必须用美元结算。美国继续通过控制世界稀有能源的方式绑定美元，巩固自己的霸主地位。

从此美元进入通用货币的第二个阶段。

美元顺利与黄金脱钩后，黄金不再拖美元的后腿，美国可以随意发行美元。以前美国用"黄金"给自己的信用作背书，现在美国开始用"美军"给自己作背书，你不听话我就打你，世界从此开始混乱。

从黄金到美军，文明和野蛮只有一物之隔。

而且，为了更好地利用美元的价值，美国开始向全球输出美元，从1913年的美联储成立到2013年的100年间，美联储一共发行了多少美元？大约10万亿。看看这位美国著名的银行家有多么狂妄："只要我能控制一个国家的货币发行，我不在乎谁制定法律。"——梅耶·罗切斯尔德。

四、世界债务危机

美国以美元为基础，却又不能无限地发行美元，这样会使美元贬值，于是开始向全球发行国债，一手印钱，一手借债。人类失去了统一、客观的价值尺度，由于美元具有唯一的强权货币地位，因此其他国家必须购买美国国债，才能保持自己的货币不贬值。

从西欧到拉美，从日本到东南亚，都被美元潮汐的"吸星大法"抽过血。具体来讲，就是由美元引导其他国家资产价格的起落，通过美元先制造泡沫再戳破它，通过一张一缩来变相地侵占其他国家的资产。最可怜的是那些小国家，它们动辄就背上了甚至需要偿还百年的巨额债务，最后需要拿本国的教育、医疗、军事、银行、土地等资源去偿还，从而使后几代人都陷入困境。

而其他各国呢，也被引导着以自己的政府信用为背书，对内去发行国债。凯恩斯曾说："任何一个政府都有通货膨胀的天生冲动。既然是负债，任何借债者都有天然的冲动赖账不还或者少还，最简单的办法就是继续发行货币以稀释债权者手中的货币购买力。"综观现在各国应对危机的办法基本上都是"发行货币"这味良药，这是政府一种最原始的本能。换句话说，货币超发是债务的必然宿命，于是世界陷入了恶性循环。

● 美国在无底限地透支着自己的信用，向全球发行美债；

● 各国政府也在无限制地消耗着自己的信用，向全国发行国债；

● 每个家庭也都充分利用家庭成员的信用，去借债消费。

当然这里还有各级金融杠杆……而且各国政府为了描绘出一种所谓的欣欣向荣的景象，有时要去篡改经济数据，所以现在全球几乎所有成员都沉迷于这种"温水煮青蛙"的效应中。

我们经常说北欧的福利好，真的是北欧国家愿意为百姓买单吗？这里用一个国家的家庭债务/GDP的比率来衡量这个国家的家庭债务负担。最新数据显示，瑞士的家庭债务/GDP比率已经上升到了127.7%，傲居全球第1位，这个福利闪耀的国家其实只是一个债务奴隶而已。同样，邻国丹麦的家庭债务/GDP比率为123.6%，也好不到哪里去。荷兰的家庭债务/GDP比率为111.3%，排在全球第4位，再往后排位于前10的分别是加拿大、挪威、韩国、英国、瑞典及美国，这就是欧美国家的高福利真相。

韩国人喜欢买、买、买，所以他们的家庭债务/GDP比率为90%，居全球第7位。美国虽然只排在第10位，但是美国的家庭总债务为12.35万亿美元，美国人都在透支他们的未来，比如年轻人为了买到他们最爱的轿车或皮卡，总共负担了1.14万亿美元的汽车贷款……

仅仅2006年以来，全球债务总额已经上升了70％。如果政府信用已经衰落到无人信赖，则货币体系必将崩溃。如今，我们必须认识到美国主导的全球金融黑洞事实上是一种没有信用尺度的货币狂飙，它的本质就是一种欺诈，或者是击鼓传花式的传销。

这就是开头提到的，为什么全球债务会增加那么多，因为我们在无限地透支自己现在的信用，甚至是明天的信用，给我们的未来留下一个烂摊子。

所幸的是，中国并不是家庭债务/GDP比率排名最靠前的国家，因为千百年来中国人一直崇尚勤劳致富，追求实实在在的价值。但是中国却是外汇（美元）储备最多的国家，也就是说，我们平时创造的财富都换成了美元放在那里，因此埋下了很大隐患。

这其实是一场决定未来50年的对决大局，我们必须在稳定的情况下甩掉美元外汇，用人民币帮助世界重构信用系统。

有理由相信，2008年那场由美国次贷危机引发的全球金融危机只是一场预演，真正的危机可能即将开始。伴随债务危机和所有泡沫资产如股票、房地产的各种风险，再加上日趋严重的全球地缘政治风险及互联网产生的冲击，必将产生一场深刻的全球危机。未来信贷市场崩溃、资不抵债、政府财政赤字增加等严重问题，都将会在2017年集中显现。

而且危机一旦爆发就会呈现连锁的效应，比如上次希腊的主权债务危机牵出了欧债危机，最后又演变成了美债危机。

因此，在全球客观价值尺度丧失后，全球金融体系必将面临崩溃，其本质是全球信用体系的崩溃。在一个信用破败的地方，财富必将溃散。不仅仅是国家，每一个企业、平台、个人，都将遵循这个基本的逻辑。

唯一的解决办法就是重构全球的信用体系，现在的美国还是世界上最有信用的国家吗？看看特朗普的演讲就知道美国已经千疮百孔，美军也不可能是美元的信用背书，因为其本身依靠的是美国国债，这是个死循环。

综上所述，现在的世界已经近乎于"裸奔"的状态，人的信用被货币剥离在空中狂飙，而人性的贪婪、慵懒被无限放大，人们之间的信任关系也被严重破坏，我们生活在虚幻和慌乱中，人心惶惶、人人自危，我们不能再放心地去创造，因为创造的财富总是被吞噬。

所以，必须给世界降降温，建立全新而客观的价值尺度。

五、重温历史

1847年，世界上第一个无产阶级政党——共产主义者同盟诞生。

1848年，马克思早已看到资本主义危机的端倪，预言世界必将发生翻天覆地的变化，他的著作《共产党宣言》在这一年出版。

然而100多年过去了，世界并没有发生根本性的变化，这是为什么？

19世纪中叶，美国圣弗朗西斯科（又译"三藩市"）发现了金矿，1851年澳大利亚的墨尔本也发现了金矿。前者被中国人称为"旧金山"，后者则是"新金山"。这两个地方的金矿都很浅，甚至个人不打洞都能在河床里面淘金，于是全世界的人蜂拥而入，淘金热迅速蔓延。

这其实就相当于上天给众生撒钱，一下子刺激了消费。这两座金矿的发掘，使得政府不用超发货币也让人们有了购买力，于是整个社会的消费能力提升了，经济危机得到缓解。

天降黄金，这看起来是件很荒谬的事，但实际上相当于给人们重新赋予了信用，让人们能够参与到社会运转的各个环节中来，帮助世界重构一次信用体系。

而现在，谁还能再帮我们重构一次信用体系呢？

第二节

——— | Section | ———

资 本 泡 沫

一、郁金香的传奇

当我们观赏美丽娇艳的郁金香时，很少有人会想到在300多年前，郁金香曾经给欧洲经济带来了一场轩然大波。

郁金香原产于小亚细亚。16世纪中期被土耳其引入西欧，当时在崇尚浮华和奢侈的法国，很多达官显贵的家里都摆放郁金香，作为观赏品和奢侈品向外人炫耀。到了17世纪初期，一些珍品卖到了不同寻常的高价，而富人们也竞相在他们的花园中展示最新和最稀有的品种。

到了17世纪30年代，这一时尚导致了一场经典的投机狂热。人们购买郁金香已经不再是为了其内在的价值或作观赏之用，而是期望其价格能无限上涨并因此获利（这种总是期望有人会愿意出价更高的想法，长期以来被称为投资的"博傻理论"）。

1635年，一种名为Childer的郁金香品种单株卖到了1615弗罗林（florins，荷兰货币单位）。如果你想搞清楚这样一笔钱在17世纪早期荷兰的经济中是什么价值，你只需要知道4头公牛（与一辆拖车等值）只需花费480弗罗林，而1000磅（约454千克）奶酪也只需花费120弗罗林。

可是，郁金香的价格还在继续上涨，第二年，一株稀有品种的郁金香（当时的荷兰全境只有两株）以4600弗罗林的价格售出，除此以外，购买者还需要额外支付一辆崭新的马车、两匹灰马和一套完整的马具的费用。

但是，所有的金融泡沫正如它们在现实世界中所喻示的一样脆弱，当人们意识到这种投机并不会创造财富而只是转移财富时，总有人会清醒过来，这个时候，"郁金香泡沫"就该破灭了。在某个时刻，当某个无名小卒卖出郁金香——或者更有勇气些，卖空郁金香时，其他人就会跟从，很快，卖出的狂热者将与此前购买的狂热者不相上下。于是，价格崩溃了，成千上万的人在这个万劫不复的大崩溃中倾家荡产。

事实上，"郁金香泡沫"对于荷兰的打击，并不仅仅是参与投机的那部分人蚀掉的本钱，而是它打乱了荷兰整个的经济结构。经此一折腾，荷兰原本引以为傲的造船业停顿了下来，让位给花卉种植业。不造船改种花的荷兰，最终在17世纪的海上争霸中输给了英国。更为重要的是，泡沫破灭也让民众看到了政府的贪婪，为了多收取交易中的印花税，荷兰政府前期曾助推过"郁金香泡沫"的兴起，负债累累的民众自此不再信任他们之前曾浴血保卫过的国家和政府，荷兰就这样丧失了走向强大的机会。

一个兴盛中的国家有时看起来无往而不利，但向上的国运其实最经不起贪婪、妄念和私欲的反复折腾。破灭的"郁金香泡沫"警示着世人，有时，绊倒一个大国的，或许仅仅是一朵看上去很美的小花。

人类历史上第一个泡沫"郁金香泡沫"破灭了，而随着这个泡沫一起破灭的，是无数荷兰人的发财梦，以及荷兰这个正在上升的帝国原本光明无限的国运。

二、蝴蝶效应

在19世纪的英、法国力角逐中，最终以英国成为日不落帝国、法国败下阵来而告终。原因很多，其中一个就是英、法两国的经济结构朝着不同方向演化，前者充盈着实干的企业家，后者充斥着食利的资本家。英国胜在工业，法国强在资本，最后历史选择了英国，工业资本主义战胜了高利贷资本主义。

资本市场的本质和意义是什么？资本市场存在的社会价值就是把资本流向最有效的地方，从而提升整个社会的运作效率。

而现在社会资本的集中度越来越高，劳动的比重越来越低。结果在分配上，资本的收入就越来越高，而劳动的收入越来越低。并且资本回报率已经大于经济的增长率，这将会导致社会财富向少数人聚集。

据统计，现在全球经济大动脉可追溯至一个由147家跨国公司组成的"超级节点"，它控制了全球经济中40%的财富。这些公司通过合并、交叉、孵化的方式不断联姻，像蜘蛛网般构成一个强大的"聚集点"。

因此，全球经济网络形成了一个"蝴蝶结"结构，"聚集点"就位于"蝴蝶结"的中心，而华尔街就是这个聚集点的物理位置，它象征了资本的垄断和高度集中，随时可为世界制造各种"蝴蝶效应"。

这样导致的最终结果就是：99%的老百姓只能拥有1%的财富，并且贫富差距还在不断拉大。于是一端的资本无限膨胀，而另一端的消费被无限压缩，产品大量过剩，资本家只有把牛奶倒掉，大量的产品、房子都在闲置，但资本家却不会因此而停下贪婪的步伐，不断膨胀的贪婪一定会酿成一场更大的国际金融危机。

三、警惕空心化

现在已经发生了这样的事实：虽然总体经济形势不好，尤其很多实业都在苟延残喘，但是资本市场却像工厂一样，一批又一批地产出富豪。过去一年中国上榜的富豪基本都诞生在资本市场。

千百年来，中国人一直相信勤劳致富，这也是世界各地华人如此勤劳的重要根源。而现在这种情况已不复存在，因为资本以小博大的手段，使人们越来越不相信勤劳致富，而是相信投机致富。

法无禁止即可为，"以小博大"是资本市场的基本攻略。现在最好的生意不是实实在在做企业，而是成立公司虚增利润编织故事，与最炫、最酷、最拉风的概念、符号绑定在一起，以天价甩卖给资本市场，以前的方式是IPO，如今以并购借壳重组为主。在现实中累死累活地赚钱，远不如编织一个概念，然后组装一个"团队"，卖给资本市场……

在自由资本主义制度下，并购的力量是巨大的，可以排山倒海。资本一旦可以吞噬一切，那么所有的规则都将由它制定，必然朝着垄断的方向发展，这才是我们需要警惕的。

对于中国来说，我们面对的问题是：一个工业化还未走完的国家，如果让资本家肆无忌惮地取代实业家，中国会不会就此空心化？

有一点是毋庸置疑的，正值转型期的中国经济，更需要的是企业家和企业家精神，而非汲汲于食利的资本家。资本过度称王使货币在空中狂飙，廉价货币严重干扰了市场的出清功能，使我们已无法分辨优质产能和过剩产能、优秀企业和僵尸企业。

我们一定要加强监管，谨防投机者的投机行为，哪怕是只破坏了一块砖，都有可能毁掉整个"经济大楼"。

四、抢占制造业

"二战"结束以来，全球分工体系和贸易格局发生了深刻变革。从产业价值链看，美国等发达经济体逐渐向虚拟产业转移，比如刚开始是金融，后来又是互联网，而将附加值较低的生产环节向中国等新兴经济体转移。这一分工的结果使得自20世纪70年代起，发达经济体制造业普遍经历了趋势性萎缩。20世纪50年代初，美国制造业增加值占世界总和的近40%，到了2002年这一占比降至30%，2012年进一步跌落至17.4%。在此期间的2010年，美国保持多年世界第一的制造业大国地位被中国取代。

那么，现在美国为什么又开始重视制造业了呢？

按照东方的哲学：一阴一阳谓之道。究其本质，世界经济的发展是DNA状螺旋式前行的。金融和实体、线上和线下，两股势力一边交合一边延展，你上我下，我上你下，然后定期互换方位。

显然，当下就是实体经济正在上位的时刻。虚拟经济在上面发挥那么久了，轮到实体经济上位了，大家需要互换体位，才能保持双方的激情。

所以我们可以发现一个现象：现在的线上产业（电子商务、互联网）等都跑到了线下（实体店、商场）去抢占地盘，所谓的新金融、新零售、新制造无非就是这个意思。

我们必须要明白，对于社会的财富来说，科技和实业带来的是增量，互联网和金融并不能带来增量，只能优化存量，来进行资源配置、优化财富分配。

　　这就好比一个是赚钱，一个是理财。科技的本质是生产力，金融的本质是生产关系。

生产力决定生产关系，生产关系一定要适应生产力的发展，不然就会对生产力产生阻碍。

世界各国现在都已经意识到了这个问题的重要性，以前各国都在争抢金融产业，把制造业往外推，现在发现自己越来越空心化了，又回过头来抢占制造业，美国、中国、日本莫不如此。

这一轮大变革其实就是实体的回归，预示着虚拟产业的收缩，过热的虚拟经济已经让世界在怠速运转，因此接下来将会发生一系列重大的变化，那就是很多虚拟产业的泡沫将被刺破，包括房地产、金融、互联网三大产业，我们必须有所警觉，对这一变化做好充分的准备。

第三节

| Section |

信 任 危 机

相信大家都有这样的感觉，现在生意不好做了，工厂倒闭，商店关门……虚拟经济都是泡沫，实体经济都是累赘；产品利润越来越薄，负担却越来越沉重；企业埋怨招不到人，人们埋怨找不到好工作；商品流通越来越迟缓……

为什么会出现这种情况呢？

因为社会丧失了最基本的东西，那就是信用。

而信用恰恰是商业的基石。有了信用才会使金融顺风顺水。正因为你相信我，我也相信你，我们才可以放手去干。如果你不信任我，我也不信任你，那大家就会互相大眼瞪小眼。

因为没有信任，老板不相信员工，员工也不愿付出；因为缺乏诚信，我们无法生产出世界名牌；因为只想赚快钱，我们的产品永远只会山寨。

用心感受一下社会现实吧，我们从来没有如此这般互相提防、人人自危，几乎人人都被束缚了手脚。于是社会运作的效率越来越低。与其说我们遇到了几十年一遇的经济危机，还不如说我们遇到了千载难逢的人性危机——信任危机。

之前的经济发展方式太野蛮和粗放了，都是以牺牲"诚信"为代价的，正是因为人与人之间不受契约精神的束缚，于是我们的经济像一匹脱缰的野马，拼命狂奔，而一旦度过了兴奋期，就会迅速疲软。

我们从小就被灌输要诚信、善良、守信，然而我们长大之后看到的现象却是截然相反的，似乎坏人更容易得逞，越是诚实的人越容易受到排挤，而对企业来说，投机取巧的企业似乎更容易赚钱，而遵守秩序的企业却寸步难行。

举个例子，前段时间某个网上水果店宣布倒闭了，原因是这样的：这家店主看到农民的菠萝滞销，于是与农民谈好了收购价格，然后在网上帮农民卖菠萝，结果1天就卖掉了60万斤。然而当他们再次去农民那里收购菠萝时，很多农民看到菠萝供不应求，于是坐地起价，从原来的二三毛，涨到了1.2 ~ 1.5元，导致菠萝的成本高涨，甚至还有农民掺杂三分之一的熟果，导致发货和品控出现严重的问题，结果这家水果店一下损失50万元，只得无奈宣布破产。

现在像这样的事数不胜数，如今整个社会都在为失去信任而付出代价。从假烟、假酒、假文凭，到假账、假证、假报告；从关系百姓民生的毒米、毒酒、毒奶粉，到影响产业财经的基金黑幕、股市造假、证券骗局，我们还可以听到假球、黑哨、兴奋剂，听到论文抄袭、学术失范……凡此种种，不一而足。

在功利目的的驱动下，社会生活的各个领域，都会滋生出诚信缺失的丑陋与罪恶。传统文化中的"仁、义、礼、智、信"这些老祖宗留下来的美德被不断地践踏……

因此，目前最迫切的还不是如何保持经济的增长率，而是如何构建社会的诚信体系，使人与人之间建立起基本的信任关系。信任是一个社会结构的基石，它是社会运作效率提高的根本保证。

未来一个人最大的破产就是"信用破产"。无论是话语的承诺还是金钱的借贷，当信用没了，也就意味着人格破产！
正如富兰克林所言："失足，你可能马上恢复站立，失信，你
也许永难挽回。一个人最大的破产就是信用的破产，只要信
用还在，就还有翻身的本金。"

虽然目前经济处于寒冬阶段，但这恰恰也是我们重塑形象的最好
时机。只要解决"信任"这个问题，中国人的聪明才智就有真正的发
挥之地，整个社会的运作效率也会大大提高。

中国下一个红利就是"信任"。一旦中国建立起一个强大的信任
体系，就意味着社会有了一个公正、公平、合理的游戏规则，人人都
在遵守这个规则的前提下去创新和竞争。一旦人人遵守规则、互相信
任，那么道德自然就会回归与兴起。

中国的发展一定还会回到文明发展的道路上。未来的社会，每个
人都是一个独立的IP/独立的经济体，以信任为链接，重新构建社会的
关系脉络，这就好比打通了中国经济的"任督二脉"，而这恰恰就是
下一轮经济繁荣的基础。

第四节

| Section |

现代商业的本质

现代商业的本质是什么？

人类的商业是从原始社会的"交换"开始的。一切商业活动都始于"交换"，有交换才有利润。

交换的前提是价值认可，为了实现对价值的认可，为了最大限度地追逐利润，人们不惜采用各种手段对商品进行所谓的"包装"。这种包装有时甚至会夸大其词、过度吹捧与浮夸造势，充满了各种欺骗。

这种野蛮、粗放式的商业发展，加剧了人类道德的滑坡。而真正将这种商业谎言发扬光大的是资本主义。

马克思在《资本论》里说：

如果有20%的利润，资本就会蠢蠢欲动；

如果有50%的利润，资本就会敢于冒险；

如果有100%的利润，资本就可以冒着绞首的危险；

如果有300%的利润，资本就敢于践踏人间一切的法律。

这段话也可以这样理解：

20%的利润是人们谎言的界限；

50%的利润是人们违法的界限；

100%的利润是人们冒死的界限；

300%的利润则是人们变成野兽的界限。

所以，那些经商能手，只是善于用谎言去编织"美梦"的人。

往上突破一点，就是那些开始游走于法律边缘的人。

再往上突破一点，就是那些拐卖人口、贩毒的人，他们早已将生死置之度外。

因此，商业的尺度在于一个人击穿道德、伦理、法律等底线的尺度，分为以下三种境界：

第一种，别人还没发现的东西，被你发现了；

第二种，别人不敢触碰的东西，你敢触碰；

第三种，别人不敢逾越的红线，你敢逾越。

当你参透商业的本质之后，你会发现获取财富并不是一件很难的事，而关键是看你能逾越几层底线。

美国知名学者所罗门在其所著的《消费者行为学》中这样写道："……我们身边时刻都有成千上万的公司，花费数以亿计的美元，在广告、包装、促销、环境，甚至电视、电影里做手脚，从而影响你、你的朋友和家人的消费，从中获取利润。"

《消费者行为学》里强调的是：面对众多直接、间接的劝诱，消费者唯有深刻洞察这些劝说的战术，才能使自己不至于被过度操纵。因此，那些拥有丰富的知识、智慧，善于理性思考的人，将不为所动，因为他们知道自己真正需要什么。

资本大鳄索罗斯说："世界经济史是一部基于假象和谎言的连续

剧。要获得财富，做法就是认清其假象，投入其中，然后在假象被公众认识之前退出游戏。"

所以商业的本质充满欺诈。那些掌握话语权的人（资本家或当权者）利用信息的不对称去欺负老实人。当然也有一部分老实人开始觉悟，不甘心被欺压，立志要反击。

因此，从某种意义上说，商业社会是反道德的。而我们从小所接受的各种教育，都是教导我们如何遵从道德。所以长大之后，当我们发现商业社会的那些现象时一定要学会反着来思考。这是一个我们都看不惯，却又不得不承认的客观事实。戳穿这个假象，让我们每个人都有点不寒而栗。

当然，谎言也试图瞒天过海，伪装成"真理"。商业的支撑就是利润，基本逻辑就是追求利润最大化。所以任何一个真正有道德的正人君子，都不可能在如今的商业社会里如鱼得水，这才是"君子固穷"的真正原因。

当然，有时谎言的目的也是为了制造一种群体效应，然后又悄悄退出，就好比当买菜大妈都去炒股的时候，当开发商制造抢房效应的时候，当大家一哄而上去抢股票和房子时，就是你套现的最佳时机。

那么如何从正能量的角度去理解商业的本质是谎言呢？

这又得回到"丛林法则"上来，商业的过程，其实也是"弱肉强食"的过程。不断地用谎言发现社会里的"愚人"，从而将这种人打入社会底层，使他们遭受奴役；然后不断地用谎言发现社会里的"聪明人"，也就是那些能将谎言说成真理的人，把这些人送入上流社会，让他们去管理和引领社会。

那么如何理解社会上出现的各种诈骗、跑路等极端行为呢？

如何看待那些在庞氏骗局中的失败者呢？可以从这个角度来思考：很多人的智商根本不足以驾驭他们所占有的"超额"财富，所以让高利贷、骗子们有空可钻，这无形当中促进了财富的"流动性"。

上面这些话听起来很残忍，其实是很现实的。想想看，各色骗局其实就是为那些总想不劳而获、梦想一夜暴富的人而设计的。击鼓传花的游戏，是从高智商向低智商依次传递的，传到你这里是必然，除非你还能骗到一个智商比你还低的人。

机会，将留给有所准备的人。

骗局，将留给那些想占便宜的所谓"聪明人"。

这就是传统商业，一个用谎言构筑的世界。

对于中国来说，我们仅仅用了30年就走过了西方社会300年才走完的路，同时改革开放的30多年，在我们物质生活水平提高的同时，也牺牲了很多价值观。所以，经常有人感叹时代的变迁。

但是社会依然在升级。这两年有个现象很明显，即身边很多人都感觉钱不那么好赚了。

为什么呢？原来好使的"把戏"现在不管用了。当一个个谎言被发现（戳穿），一种商业模式就会中断。而同时，人们的眼界和学识都增加了，当人的素养达到了一定水平的时候，就会形成一种博弈。这种博弈，也可以认为是一种互不信任、互相提防的状态。

未来该怎么办？

请大家记住一句话：未来的世界，你说什么不再重要，你是谁却很重要。

破局，从帮助社会建立信用系统开始。

关于信用，我们还会在后续章节探讨这个问题。

第五节

Section

金融霸权

就像我们前面所言，金融的本质无非两个字："信用"。人类一切危机的本质其实都是"信用危机"。

水往低处流，但是财富永远都往高处走，哪个高处呢？当然是信用的高处。哪里充满信用，哪里就会集聚财富，金融战争的本质无非就是抢占全球信用的最高点。

所以，吸纳财富的最好办法就是不惜一切代价给自己塑造信用，使自己成为人心所向之地。因此，这个世界最可怕的不是风动，而是心动。

世界财富流动性越来越高，局势也越来越动荡，无论是战争、大选还是新政，每当世界发生一件大事，货币立刻纷纷涌向高处，"蝴蝶效应"随时都可能发生。明枪易躲暗箭难防，我们必须时刻加以警惕。

提到金融霸权，必须提一下美国和美联储。大家仔细想一下，我们似乎一直对一个词比较敏感，那就是"美联储加息"，美联储加息的本质，无非是美国利用自己军事霸权的优势，先制造出动荡的信号，然后再向世界宣布：来吧，把钱交给我，我这里最安全、最有保障。

具体来讲，美国擅长一套绝密的"偷心术"，采用的是一套"调戏—抛弃—贱娶"的把戏。

第一步：调戏。先用花言巧语包装某个地区，将资本引入进去，给这个地区制造金融泡沫，让人感觉这里似乎有挣不完的钱，提升当地的投资信心，当年亚洲经济就是这样被操控的。

第二步：抛弃。老子说：美言不善，善言不美。这里的美既可以理解为美丽，也可以理解为美国。因为美国会在该地区的金融泡沫吹到最大时釜底抽薪。比如美联储开始加息，再给当地制造危机，让人们丧失投资的信心，这时资产就会加速回流美国，刺破这个地方的经济泡沫。

第三步：贱娶。资本撤走以后，当地各种资产开始贬值，这时再以"扶植"的名义去抄底收购，也就是变相地占有这个地区的财富……

所以，美国表面上偷的是"金钱"，实际上偷的是"人心"。

回顾世界最近30年来，美国用加息的手段，变相地占尽了世界的财富。每次加息都会导致世界某个地方的财富被抽尽。

综观现在的世界格局，全世界到处动荡不安，动不动就会有"黑天鹅"事件发生。因此越是这样的时刻，越需要一个大的"信用池"来容纳世界财富，当前，世界上还有两个地方可供选择，那就是美国和中国。

中国的GDP、股票市场、债券市场等都是全球屈指可数的规模，以互联网为代表的新兴产业发展势头不输美国，吸引国际资本的能力超强，再赶上人民币国际化的强潮，这似乎就应对了《北京欢迎你》那句歌词："我家大门常打开，开放怀抱等你"。

那么，美国又凭什么总是占领世界信用的最顶端呢？

首先美元是全球通用货币，这是美国信用的根基。

但是，如果美国无节制地发行美元，美元就会不断贬值，所以需要节制。可节制后美元就不能随便使用了，没有美元怎么打金融战争呢？那就去发行国债。

利用美元作为信用背书，让其他国家去购买美国国债。于是这些发行的国债又使输出去的美元重新回到了美国。回到美国的美元，再进入美国的三大市场——期货市场、国债市场和证券市场。然后再以资本的形式向海外输出，从而操控世界其他国家的各种产业，这样循环往复地生利。

美国一手印钱、一手借债，印钞能赚钱，借债也能赚钱。以钱生钱，金融经济比实体经济赚钱来得痛快多了。

当然，美国还是有巨大的实力作支撑的，这种实力体现在美国主导了世界产业链的格局，包括生产、市场、科技、品牌等。英国人尼尔·弗格森这样形容中国与美国的关系：中国就像全职主妇一样，勤勤恳恳，而美国就是个啥事不干的、只懂得享受的闲人。其根本原因就在中国生产、美国享受，中国储蓄、美国消费的产业链上。

的确中国通过贸易顺差赚到了很多美元，但中国又得拿出一部分来购买美国国债，这样中国赚到的美元又回流到美国的资本市场，进一步加强了美国的强势地位。

如今的美国，举国上下全靠举债度日，也靠举债养军队。美国人消费的远远超过了自己所生产的。但是对于美国本身来说，这种以债务驱动经济增长的模式必然加剧消费者的收入和负债压力之间的矛盾，因为它间接促进了很多人消费自己的"信用"，而不是依靠劳动去创造财富，美国2008年次贷危机就是这么来的。

负债的本质是什么？就是一步步侵蚀自己的信用。

你愿意相信一个有万贯家财的人，还是相信一个负债累累的人？

而美国也陷入了一个永远不可能真的还完的债务之中。美国政府的债务快速增加，短短8年增加了近10万亿美元，债务规模正在逼近20万亿美元大关。根据这种趋势，到2046年美国债务占经济规模的比重将从当前的75%上升至141%。到2036年，美国债务很可能要超过"二战"后的历史峰值106%，甚至更早超过，也就是说，美国遭遇了"二战"以来的最危险时刻。

面对如此天文数字般的债务，美国明显没有想还的意思，一直在扩大债务上限，增发货币稀释债务，妄图通过一场场"庞氏骗局"最终赖掉债务，让世界各国为其买单……

如此高的债务，靠美国短时间内GDP增长来弥补是不可能实现的，美国只能走捷径，那就是通过吸收全球的财富来降低本国的负债率。这下又回到美联储的加息了，加息对美国还有一个好处，那就是债务沉重的美国可以赖掉一些债务。因为加息后美元又值钱了，价格水涨船高，而且加息之后，能够吸引新的美国国债买主，实现借新债还旧债。但同时美元又因货币超发而贬值，而且每一轮加息的末期，过高的利率又会造成美国股市、楼市泡沫的破灭，这些都是隐患……

于是美国陷入了无尽的循环中，忙得不亦乐乎。

说到底，美联储的加息就相当于在吃"伟哥"，美国正在不断地透支自己的身体，这样下去美国的信用必定被彻底透支殆尽……

美国已经走向全世界人民的对立面，它用欧洲、亚洲的动荡，造就了自己金融的非理性繁荣，在加剧全球其他地方的危险动荡的同时，也给美国自身的落幕埋下了伏笔。

那些抛售"美元债务"的国家都是聪明的，中国按300亿美元每月的速度在抛售，沙特美元外汇储备已经抛售得只剩下860亿美元了。从卡塔尔、沙特到俄罗斯，这些国家也一直在抛售其手中持有的美元资产。一旦世界对美元完全丧失信心，各国纷纷抛售美元，那么美元就将成为废纸。

想当年，美国为了维持自己的信用，先通过布雷顿森林体系让美元与黄金挂钩，然而自从1971年布雷顿森林体系崩溃以来，以黄金计价的美元价值被稀释了近33倍！"利用超发美元来稀释美元内在价值"已成历史惯性。美国出于赖账的目的可以短时间内一次性稀释10倍以上，这就是美国纵欲无度的表现。

开弓没有回头箭，现在的美国股市已经处于最近几年的高点18000上，在这个高位的关键点上，美国还在继续吸引国际资本，后果真的不堪设想。

美元主导的国际金融体系岌岌可危，美国真的是穷途末路了。而中国要做的就是两件事：阻断资本向美国流入，然后在泡沫吹到最大之前刺破它，在美国的资本出逃之前，将其绝杀在泡沫里。

总之，美国的金融霸权地位，早晚会被逐渐去中心化、扁平化的世界所彻底抛弃。

而美国主导的传统世界秩序也在一点点瓦解，世界发生大变革的临界点正在一点点逼近。

再来回忆一下世界上一次大变革的历史。200多年前，1789年的一天，巴黎市民举行声势浩大的示威，并同国王的雇佣军展开战斗，在当天夜里就控制了巴黎的大部分地区，紧接着攻克了象征专制统治的巴士底狱，这一天成了法国国庆日，法国大革命也由此爆发。

《旧制度与大革命》被公认为是研究法国大革命的一部经典之作。作者托克维尔明确指出："法国大革命绝不是一次偶然事件。它的确使世界措手不及，然而它仅仅是一件长期工作的完成，是十代人劳作的突然和猛烈的终结。即使它没有发生，古老的社会建筑也同样会坍塌……只是它将一块一块地塌落，不会在一瞬间崩溃。大革命通过一番痉挛式的痛苦努力，直截了当、大刀阔斧、毫无顾忌地突然间便完成了需要自身一点一滴地、长时间才能成就的事业，这就是大革命的业绩。"

法国大革命的本质其实是新兴的资产阶级迫切需要从传统贵族手里夺取权力，然后给新世界制定一套更加与时俱进的规则和制度。法国大革命帮助西方建立了新制度——资本主义制度，它确实曾给世界创造了巨大的物质财富。但是人类历史也在反复证明：没有一种制度能够一直适用，每当生产力进步到一定阶段，现存的制度就会成为社会发展的阻碍，而且旧制度不会轻易退去，它的坚守会让世界变得荒唐、混乱，直至崩溃……

第二章

裂　变

"公司"裂变

所有人都在说未来是一个"个体崛起"的时代：组织变化、行业跨界、个体能力越来越强；个人+平台模式、联盟思维……优秀的人能获得任何时代都没有的影响力和资源。

《哈佛商业评论》说这是网络个人经济的开始："新经济的单位不是企业，而是个体"。

10年前，我们身边的朋友，不是在这家公司上班，就是在那家公司上班。而如今，已经有越来越多的朋友，不是依托这家平台，就是依托那家平台在拓展新业务。

他们可以自由支配时间，工作方式更加灵活，很多服务也实现了点对点的对接，更加细致合理，比如，各种私人顾问、各种定制服务，等等。

今后，社会上的自由职业者将会越来越多，这才是真正的解放。也就是说，公司在消失，个人在解放。这是一场商业组织架构的摧毁重建，它改变的不仅仅是商业秩序，更是各种社会规则，每个人都将被卷入其中。

我们先来看一下传统商业的基本组成单位——公司，它是如何形成的。

很多人以为"公司"应该是西方人的发明，实际上"公司"一词源于中国，最早出自孔子的《列词传》："公者，数人之财，司者，运转之意。"后来庄子说："积弊而为高，合小而为大，合并而为公之道，是谓'公司'。"这里公司的含义其实就是指聚多人之财、共同运作之意。不过"公司"这个组织却是由西方发扬光大的。在西方近代"公司"诞生之前，全世界的人做生意的模式都差不多，比如，你可以把梁山一百零八位好汉看成一家以"打家劫舍"为模式、以"替天行道"为愿景的公司。一旦这些人取得了合法地位，梁山就成了公司，仅此而已。

比如，在古罗马时期，很多宗教团体、养老院等公益慈善团体相继取得了法人的地位。到了中世纪，很多以侵略和殖民为模式的团伙也取得了法人的资格，可以光明正大地从事海外殖民和贸易。所以在"公司"面前，没有绝对的公平和正义，盈利和扩张是最终目的。这方面英国是先驱，1555年英国女皇特许与俄国公司进行贸易，产生了第一个现代意义上的股份有限公司。那个向中国大量输入鸦片的英国东印度公司，也是最早的股份有限公司之一。

到了19世纪中期，"公司"已经成为资本主义社会的基本单位，大量"公司"构成了资本主义国家的经济主体。直到21世纪的今天，"公司+雇员"这一基本结构的模式仍然是全世界经济的基石，包括中国。

"公司"为什么可以成为工业时代的主导力量呢？因为在前三次工业革命中，科技进步的意义一直都是为了完善和发展"海量、单品"的经济形式，这时的市场需求经常可以整齐划一，在某个特定阶段全世界都需要某种产品，而且产品也是标准化的。公司只需把雇员团结起来生产某一种产品即可，比如鸦片、石油、武器、日用品、手机，等等。

公司员工也不需要强调个体差异，只要行为和目标一致即可。在利润和市场的共同促进下，某一家公司很容易持续走向极大化。比如，1929年资产达10亿美元以上的美国巨型企业已有65家，到1988

年这一数字增至了466家。

即使我们最熟悉的公司也不过只有约200年的历史，但是它们的金字塔、分层制的结构，早已扩散和影响到了社会所有的组织，比如很多组织提倡的"公司化"，就是一场商业化运动。公司也早已成了传统商业的基本组成单位。但是，如今情况正在改变，一系列的变化正在我们眼前发生……

所有的变化都是顺应了人的需求的。仔细想想我们自己，我们的需求发生了哪些变化？

"我"已经越来越厌倦步调一致，越来越不喜欢标准化的产品，越来越不想顺应传统观念，越来越喜欢按照自己的想法行事。我有兴趣、我有爱好、我有想法，我只想做一个真正的自己。

是的，这些在大工业时代是不可能实现的，因为过于关注自我，生产效率低下，大家的兴趣和特长只能互相抵消，人性的贪婪和慵懒都会被无限释放。

除非能有一种大平台，它可以温柔、精确、高效地将我们每个人的潜能激发并对接起来，以大数据为手段、以各取所需为驱动、以自我实现为效率、以荣辱与共为机制，这就可以无限接近我们的需求了。

互联网是唯一可以改变这个世界的力量。互联网以大数据、云计算为基础，努力实现"多个服务个体"对接"多种个性化需求"，就是这种变革的基本原理。

这样的平台正在接二连三地出现。淘宝、滴滴、猪八戒、Uber、Airbnb，等等，都属于这种平台，还有7天酒店的放羊式管理、海尔的创客工厂、韩都衣舍的买手制、淘宝的淘工厂，等等。苹果的APP Store也属于这种性质的平台，APP Store里海量的移动APP，均由第三方的创意者设计，用户可以付费或者免费下载，它把创意者的作品和用户的需求进行充分的对接。

通过平台组织了一股"无组织的力量"，通过兴趣、特长、资源在平台上展开分享合作，在实现了人们日益碎片化需求的同时，还帮助我们自己获得了经济效益。这种平台看似有组织、无纪律，但却可以随时产生聚变与裂变效应，发挥巨大效能。

所以，原来社会里的财富都是由"传统公司"创造出来的，而在互联网时代，只需要有足够的平台把大家对接起来，让我们每个人一边创造一边享用即可。

在这个时候，你就会发现一个现实的问题：那些"传统公司"还有存在价值吗？不错，互联网正在进行一场毁灭"传统公司"的大革命。这场大变革就在我们眼前进行。

"传统公司"在互联网平台面前不仅是"低效率"的代名词，还代表着传统旧势力，是革命的对象，因为传统企业很多时候是依靠资源、关系、模仿起家的，从价值创造的角度来说，它们的作用越来越小。在"传统公司"里，每个员工只能参与价值链上的一个小环节，很难直接感知到自己到底创造了什么价值，这让我们始终感觉自己只是一颗小小的螺丝钉，有些微不足道。而且"传统企业"又长又慢的流程让每个人都要花费相当多的精力去配合其他部门，生产效能和劳动价值被互相抵消。

而互联网的跨界性、平台性却可以很好地解决这些问题。这也是为什么越来越多的"传统公司"在濒临倒闭或者重新整改，以适应互联网时代对公司架构的需求。这不仅是经济危机的原因，更是因为落后的生产关系已经不再适应崭新的生产力了。

整个社会的组织结构在变化。原来是狭长的"公司+雇员"结构，现在变成了扁平的"平台+创客"结构。个体将被解脱，人性将被解放，新的社会文明正以此为契机开始形成。

我们生活的这个世界，正在由硬变软。何为硬？大工业时代即是硬，我们硬性地制定和形成各种条条框框的制度和组织，形成一种合力，然后人们需要在规定的时间做规定的事情，完成规定的目标，所以人是要服从组织的。何为软？新信息时代就是软，未来我们只需要利用特长和爱好，做喜欢做的事，顺带为这个世界创造价值，时间自由、空间自由、事业自由。

传统组织之所以存在，是因为信息传递、物理交互总受空间限制，必须把人聚集在一起才能形成合力。但是当下互联网构建的平台，不仅完全可以具备这种功能，而且还可以构建更加公平的利益分配体系，我们只需利用好互联网这个工具，效率必然大幅提升。世界正在变得越来越平和、越来越柔顺，当然也是柔中带刚。

当很多人还沉溺在"找生意做"的传统模式时，一个非常残酷的事实是，今后已经没有"生意"可做。要么你提供一个平台，要么你做回自己，用你的专长满足别人的需求，同时实现自己的价值。

在马斯洛的需求原理模型中，人的最高需求是"自我实现"。按照这种逻辑，在他所处的年代里，只有1%的成功人士才可以做到这一步。但是在互联网日益发达的今天，每个人都可以抵达这层境界。

当你到平台上的任务中心完成一项任务时，其实你已经是这条革命道路上的先行者了。很多人会这样说，这种平台不也是公司吗？阿里巴巴、腾讯、百度这些互联网平台还是公司啊，区别在哪里呢？

严格地说，它们称为"平台型公司"，它们与"传统公司"最大的区别在于：无边界性、包容性、共赢。"传统公司"无论做多大，赚的钱都属于股东或者员工，最多是股票持有者；而"平台型公司"除了自身可以有很高的市值之外，更多地是帮助我们每个人实现自己的价值。

"平台+创客"模式代表了先进的生产力，它在毁灭的时候也在创造。比如，电子商务消灭的只是一些利用信息不对称而生存的中间服务商，同时却又催生了大量新兴的拥有核心能力的中间服务商，如快递公司、客服团队、营销和设计人员，等等。平台在这一体系中扮演了基础服务商、资源调度者的角色，需要构建信用体系、客服体系、支付体系、评价体系，以及和工厂对接的体系，等等。

公司消失，平台永生。从商业角度来讲，这是一场互联网引发的商业革命，而从人文角度来讲，我们每个人都将迎来自身发展史上的黄金时代。因为我们的兴趣和潜能得到释放，并且可以在平台上"兑现"，再也不用为了生活把自己赌给一个"公司"。

公司诚可贵，

平台价更高。

若为自由故，

二者皆可抛。

自由才是人类未来文明的基石。人类所有的努力都是为了换回自由，我们正在朝这个方向努力。

过去人们为了追求利益，以"公司"为名义筑成篱笆，如今这些篱笆正在被拆除。基于平台之上的小众兴趣、小众价值观、小众梦想、小众爱好都能被成全，这种百花齐放、百家争鸣的模式，是实现经济大繁荣的基础。

未来你要想有存在价值，自己必须首先可以创造价值。人人都有特殊的知识储备，人人都是某个领域的专家，这才能让我们生活得更加体面，而且只有把每个人的经验、知识与数据和信息结合起来，才具备创造性。因此，传统社会的等级和阶层将被一点点割裂，整个社会也将从金字塔式结构向扁平化转变，社会矛盾也会大大降低。

从生产与消费来看，"平台+创客"是典型的多边市场，在这个市场上消费者和生产者不是对立的，而是互相转化的。每一个人在服务别人的同时，也被别人服务，不断地进行各种创造和被满足，生生不息。

《世界是平的》提到这样一个观点："全球化1.0的动力是国家，全球化2.0的动力是公司，全球化3.0的动力就是个人。"这使得现在的经济学家必须将研究重点从企业与企业、企业与政府的关系，转移到人与人之间的关系上来。另外，那些所谓的经典经济学说和理论也正在逐渐失效。随着新社会组织结构的变迁，我们的经济规律、法律制度、价值观和行为也将由此处拐弯。

全球化3.0的时代，也是个人觉醒的时代。当每个人都意识到他们可以过上一种更加理想生活的时候，革命就爆发了。这是一场正能量的革命，所有的摧毁都是温和的，所有的人都有机会参与其中。我们必须居安思危、大胆求证、勇于实践。

21世纪的革命，不是从政治开始，而是从经济开始，并且一定是互联网触发的。随风潜入夜，润物细无声，没有流血牺牲，却百花齐放，和而不同，这才是真正的革命。

第二节

| Section |

个 体 解 放

一、上进、焦虑、不满足

20世纪50年代，美国的精英阶层集体焦虑。心理学家罗洛梅说："焦虑是人类面对威胁，希望创造自我的正常状态。"在这样一个高速发展的时代，焦虑的人才是真的健康、感觉到时代脉搏的人。

敏感才能感到变化，有才华才会有得选，追求自由才想要把握自己的人生。每个厉害而自由的人，都有一颗焦虑的内心。

怎样成为这样一个人呢？看看下面这个案例：

> 1968年墨西哥城奥运会，跳高运动员福斯贝里第一次在全世界面前施展背越式跳高。那个年代流行跨越式或者俯卧式，他的诡异动作引来阵阵哄笑。但随着横杆一次次升高，笑声没有了。在最后一跳成功后，他获得了奥运会金牌——全场起立鼓掌。

福斯贝里是个典型的弯道超车选手，他的身体素质和成绩在普通跳法的时代很一般，但更先进的起跳模式让他获胜。

转换模式

不过，仅仅转换模式还不够，学会应用新技术同样重要。直到20世纪60年代，橡胶垫才被用来代替原来的沙坑，在此之前，大头冲下的背越式跳高简直是自杀动作。

应用新工具和技术

最后，福斯贝里并没有一直领先。在1972年慕尼黑奥运会上，他连预赛都没有进。背越式跳高并不难学，他被更多快速学习、素质不错的人超越了。

持续学习，提高素质

转换模式、应用新工具和技术，以及持续学习，提高素质，这三种方法是时代变革中弯道超车的终极法门。

在这个个体崛起的时代，的确需要我们应用新的模式和技术，进化成全新的职场人。

二、长板原理

以前做人，总是越"宽"越好。

那时我们总是竭尽所能地弥补自己的短板。有很多人并没有特别明显的长处，却可以四平八稳地生活，这种人在社会上比比皆是。

今后做人，却是越"精"越好。

未来我们一定要充分发挥自己的长处。如果你依然是一个四平八稳、八面玲珑的人，很抱歉，你可能要遭遇各种困境了。传统年代太注重竞争了，这种竞争性让组织、个人都被孤立起来，然后形成自己的内循环，这就迫使我们必须完善自身的系统。很多人都知道"木桶定律"，即一只水桶能装多少水取决于它最短的那块木板，这也被称为"短板效应"。

映射到一个组织，成员的能力都是优劣不齐的，而劣势部分往往决定了整个组织的水平。映射到一个人，自身的性格和能力总是参差不齐的，而最弱势的部分往往决定了一个人的能力所在。这就提醒我们要不断发现自己的短处，并予以弥补。

但是互联网时代更注重协作，在信息高效对接的帮助之下，人与人的协作效率越来越高，而合作的成本也越来越低。此时无论是人还是组织，都必须抛弃原来的"内循环"，主动参与到互联网构建的"大循环"里来。所以表面上，人与人的独立性越来越高，甚至每一个人都是一个独立的经济体，但是由于这个"大循环"的存在，我们这个社会依然处于"大生产"状态。

在这个"大生产"状态里，你贡献的是你的长处，而你的短处可以隐藏起来。大家各尽其才、各取所需。让你的短处没有用武之地，让你的长处尽情展现光辉，这才是最理想的社会。互联网使得我们这个时代正在朝着这个方向努力。

互联网时代的企业，遵守的应该是"长板原理"，即当你将桶倾斜时，你会发现一只桶能装的水量取决于你的长板（核心竞争力）。如今提倡大众创业，公司成立的门槛越来越低。你只需要有一块足够长的长板，再配合一个管理者，就可以有立足之地。然后围绕这块长板展开布局、扬长避短、取长补短。可以通过合作、购买、共享、入股的方式，把合作者的长处变为你的长处。

随着创业者越来越多，行业划分开始越来越细，人的分工也越来越精细。我们只需专注自己擅长的某一领域，其他方面自然会有人来协助你。当然这需要很强的合作精神，互联网时代的商业逻辑就是一项如何协作的艺术，这一点与传统商业截然不同，因为传统商业强调的是如何竞争。伟大的公司之所以伟大，不是因为它们把什么都做好了，而是在某一方面做到了极致。今后的时代，如果你想做到处处到位，无异于缘木求鱼。

当大家都拿出了自己的长处，那么你的长处决定了你在大众中的层次，它也代表了你的事业高度。而如果你的长处不明显，那你就只能找到同一个层次的合作者。今后的职业生涯发展中，最好的能力策略是："一专多能零缺陷"。"一专"指让自己有一项专长非常非常强；"多能"指如有可能多储备几项能力可以辅助使用；"零缺陷"指通过自身努力和对外合作，让自己的弱势变得合乎要求即可。而我们最需要避免的情况是"性情大于才情、情商大于智商"。即你虽然有些小长处，但是更善于逢迎和伪装，那么与你合作的成本太大，没有人愿意付出这种代价。也可以这样理解：传统年代"情商"更重要，而互联网时代"智商"更重要。所以，今后我们只需做好我们自己就可以了，经营好自己就是对世界最好的贡献。

千万不要再随波逐流了。竭力发现自己的长处吧！

弥补自己的短处是一件很痛苦的事，很多人忙碌一生依然没有活出个所以然来。只有长处才能代表一个人存在的价值和意义。寻找长处，应该从兴趣开始找起。衡量的标准就是看你是否开心愉快。发挥自己的长处，不仅自己会感到快乐，创造的社会价值也会更大。所以，这是一个最好的时代。

以前我们活得太匆忙，根本没有机会去反省自己的内心：你做的事究竟是不是你的兴趣所在？而有的人即使发现了自己的兴趣，但是迫于现实压力，依然还得埋头苦干。而今后兴趣才是你能量的源泉，它决定了你的职场定位。

那么短处存在的价值是什么？短处可以让我们有自知之明，让我们更加深刻地认识自己。知人者智，自知者明。浮躁是这个时代对人们最大的考验，它让你迷失了自己。

人生最大的敌人是自己。

当你发现一个人做什么事都行时，其实是他做什么都不行。当你发现一个人做什么事都不行时，可能有一方面任何人都比不上他，只不过你还没有发现而已。

第三节

| Section |

个体价值突围

1993年，在对三星进行全面改革时李健熙说过一句话："除了妻儿，一切皆变"。

也就是说，整个社会除了最基本的伦理道德底线之外，一切皆在改变。

现在来看，未来很长一段时间内，最大的变化就是个体的崛起和组织的下沉。

未来的企业，无论你拥有多么独特的资源，无论你有多么强大的技术，假如不能释放所有人的创造力，一定会被时代的浪潮淹没。

我们先来看一下传统管理学界的焦虑。已经进化了100年的管理理论和经验，在互联网的时代背景下，似乎越来越被质疑，甚至我们已经认为这些百年理论正在失效。想想我们经常提及的去管理化、去中心化、去中介化、去KPI，这些都是传统管理学的核心要素。

一切变革的根本逻辑都是在技术的推动下，社会价值结构被进一步优化。

在互联网时代，汹涌而至的新商业模式的出现，倒逼我们对自身进行审视。比如，Uber、滴滴等出行工具的出现，使得过去司机交"份子钱"的时代被替代。可以说新旧之间的博弈，其实是对新型合作关系制度建设的倒逼过程。

其实早在20世纪70年代，美国的经济发展就出现了"滞胀"。美国经济学家马丁·威茨曼认为"滞胀"的原因，在于工资结构不合理，主张用分享制度代替现有的工资制度。资本家和工人就未来的收益分享展开讨论，即在企业未来的收益中，多少归资本家、多少归工人。马丁·威茨曼希望以此缓解社会矛盾，刺激工人的积极性，这些被他写入了1984年出版的《分享经济》一书。

英国学者雷切尔·布茨曼说："将闲置或未充分利用的资源利用

起来（包括人力资源和社会资产资源），从而产生经济价值。"这一具有诱惑力的新模式所带来的个体价值的崛起和市场的快速变化，无疑对企业、组织也提出了转型和变革的要求。

2011年，美国《时代》杂志评选"十大改变世界的新观念"，"分享经济"榜上有名。彼时，Airbnb成立3年，Uber成立2年，分享经济还处于边缘地位。

而现在，共享经济的大旗又被中国扛了过来，说明中国在改善当今世界的经济结构方面，走在了世界前列。国家信息中心分享经济研究中心预测，未来几年，中国共享经济将保持年均40%左右的速度增长，到2020年交易规模将占GDP比重的10%以上。如果分享成为经济形态的主流，将颠覆所有既存的经济行为，引爆工业革命之后最重大的经济变革。

而共享经济兴起的背后，意味着社会物质财富和资源的再分配，以及个体与组织的利益实现和价值突围。

从管理角度看，过去的组织机构是扁平化、机械性的，在这种模式下，个体创造力被强行地机械化地实现，而在互联网时代，个体的创造力可以有更多的方式去激发和释放。

在共享经济时代，每个人获取信息的渠道变得越来越

多，整合资源的速度也越来越快。过去需依赖组织才能完成的商业行为，现在个体完全有可能独立完成。传统的雇佣社会中，个体的工作作用与价值体现需要得到组织的认可，而在共享经济发展的时代，个体的创造力和工作价值得到重视和放大。反映在雇佣关系上，就是员工更期待在工作中的创造和价值得到尊重和认可。

公司和员工不再是雇佣和服从的关系，而是一种平等与合作的关系，甚至正在成为一种平等的网络关系。

从大规模生产流水线的实现，到现代化管理方式的普及，再到个人脱离固定组织，成为一组组自由人的联合，这种变化已经具备燎原之势。

组织形态正在从"企业+雇员"走向"平台+个人"。其实，无论是企业和雇员，还是平台和个人，它们都是利益共同体。员工从来不会忠诚于组织，他只会忠诚于利益。市场原则最真实的体现是员工忠诚于个人的利益和发展，而非某个组织。组织所要关心的应该是力求去建立一个利益共同体和命运共同体。因为，抛开员工的个人利益诉求而去谈员工的忠诚度从某种意义上讲就是违背人性，是不道德的。

与此同时，国家应该对企业的管理法规、变化等采取开放、包容的态度，允许多形式、多形态出现，应该给予价值释放的推动力。

未来个体和组织的关系是一种共生关系。何谓共生？那就是休戚与共。比如，任正非曾经讲过的一段话，他说他现在才终于明白，他自己实际上是没有什么力量的，只有当他跟几十人、几万人走在一起的时候，他才可以摸得到时代的脉络。

每个人的需求都是千差万别的，人们更希望符合自身需求的个性化服务。而正是顺应时代潮流，基于互联网的充分链接，依托于各种形式的互联网工具，个体开始快速崛起，来满足这样的服务升级。

传统的公司都是把精力主要放在内部管理上，而未来的公司更需要把精力放在对外协作上，可以用八个字概括："求同存异，一致对外"。

但是，作为一个组织，又不能给自己设定边界。因为未来的组织一定是开放式的，谷歌称此为重新定义公司，无边界的组织才是真正强大的组织，因为它可以随时吸纳外界的力量和人才，这就像吸星大法一样，包容性越强，适应性也就越强，永远敞开自己，强大到无我，自信到不存在，才是未来组织的最高境界！

无论是组织还是个人，我们一定要从"弱肉强食"的逻辑转向"创造共生"的逻辑。个体如果想走向强大、走向组织，那么就可以建立一个共生的平台，从而帮助人们真正地成长起来，使自己的利益获得更快的增长。

这将改变过去资本和劳动之间的博弈关系。

原来是知识追逐资本，现在是资本追逐知识；原来是资本雇佣劳动力，而现在是资本与劳动力相互雇佣。这样的改变让员工不再依赖僵化的组织，而是依赖自己的能力或者专业知识。

公司正在从严格的阶级体系和中心依赖逐步演变为权利资源分散到个体，让个体与个体平等连接互动的形态。未来社会的每一个"个体"都会特别强调它的独体性、自主性、独特性，也特别在意他自己的价值观及个体的影响力。

正是因为这个变化，才让很多人的天性释放了出来，同时释放的还有一个人的责任感、上进心。中国经济的上一波红利是人口红利，人口红利是按人头算的。下一波红利是将每个人内心深处的兴趣与激情引导与调动出来。

如果一帮人能去做自己喜欢做的事，那种创造力是无穷大的。而如果你是那个将大家组织起来的人，显然你的价值是最大的。因为在大变革时期，人们的价值观也在重组，作为一个强大的个体，你可以引领大家，届时你在这个"个体崛起"的时代就会扮演一个"超级个体"的角色。

第四节

| Section |

逆 势 飞 扬

互联网时代加剧了两极分化，小部分人获得巨大的影响力和资源而迅速崛起；更多的人会被服务得越来越懒，成为平庸的跟随者。也就是说，个人崛起的时代，是一部分"超级个体"崛起和一大群普通个体追随的时代。

什么样的人能在未来职场中领跑呢？他需要：

- 有一门极致的专业能力、优秀的基本素质，并持续自我升级；

- 有自己的个人品牌和影响力，通过多种方式交换价值；

● 善于与不同公司、组织合作；

● 重要的是，他们内心强大，自己掌控发展方向。

在个体崛起的新时代，机遇与挑战并存，你需要学会应用互联网和社交媒体，升级自己的各项职业技能，以及持续地学习和实践，抓住趋势，成为一个"超级个体"。

个体崛起的年代，个体的差异会越来越大。有的人可以上天堂，变为"超级个体"，有的人可能将碌碌无为，沦为无用阶层。

先来看看当今社会的贫富差距。

在传统年代、传统行业里，我们的财富是跟劳动成正比的，比如，如果种1亩地需要花100小时的劳动，最终产出100千克粮食，那么要生产1000千克粮食，就需要种10亩地，投入1000小时的劳动。出现偏差只在于：有的人勤快一点、聪明一点，或者天气好一点，等等。不仅农民种地如此，工人上班、司机开车、记者撰稿等都遵循这种规律。所以，这个时候，整个社会财富是呈直线分布的。

那么问题来了，在这种呈直线分布的财富分布方式的基础上，如果你想获得更多财富，比如，你想生产10 000千克粮食，那就需要种100亩地、花10 000小时，你一个人甚至一家人忙得过来吗？

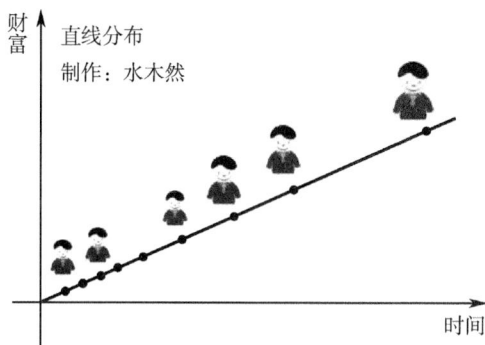

财富

直线分布
制作：水木然

时间

传统社会财富分布图——直线分布式

而现在，在这个被互联网统治的时代里，有一种东西彻底改变了社会的运作规律，它的名字叫"链接"。

在传统社会里，人与人之间的沟通和互动效率是低下的，比如，最开始是写信，信息从一个地方传到另外一个地方大概要一周；后来我们可以去邮局发电报了，虽然几分钟就到了，但是收和发都很不方便；再后来出现了电话、手机、QQ，直到今天微信的出现，使得"链接"无处不在，一件有意思的小事就可以迅速引发一场传播和互动，瞬时抵达各个角落，于是人与人之间、组织与组织之间被彻底链接在了一起，整个社会由原来的散落状变成了一张大网状。

于是，商业模式开始变化了……

在传统年代，由于社会组织是散落状态的，所以很多小的区域容易形成独立系统，在这个系统里会有很大的生存机会。比如，张三在张庄、李四在李庄可各办一家商店，当然每个村庄都可容纳几家商店，只要商店不是门对门，都可以相安无事，尽管都不易办得太大，但可以各自独立生存。从这种意义上来讲，正因为每家商店规模都小，所以都可以开起一家商店，然后雇佣一个店员，从而进入"企业家"阶层。除了可以开商店外，当然还可以开饭馆、开理发店，等等。

而在"链接"无处不在的时代，由于信息传导渠道的通畅甚至四通八达，整个社会的资源和财富开始向极少数人手里集中。

以前我们会去看一些现场演出等类的活动，所以各地都有不同的文艺表演形式，就需要供养一些演员队伍。而现在人们的注意力都被手机所吸引，手机屏幕的大小往往就是我们的视野范围，再加上社交媒体的发达，经常会蹿出一些网红，霸占我们的视野。也就是说，我们的注意力再也不是分散的，而是被集中到了某个点上。网红火了之后可以迅速获得融资，最终走上明星的路线，而那些普通演员的生存空间将越来越小；有的老师课讲得好，就去做直播，很多外地学生都去听他的课，于是越来越出名，这会导致那些讲课一般的老师失去自己的生源，沦为鸡肋。

以前到了周末我们会去现场看篮球比赛，而现在网络直播就很方便，为观众提供视频转播服务，犹如亲临现场，于是大家把注意力都集中到了世界球星身上。总之，零售业、餐饮业、娱乐业等各种传统行业，正在经历商业"去碎片化"的洗礼，并由大公司、名人取而代之。社会也因此失去了众多中等收入机会，更多的人被列入工薪阶层，让收入分配、财富分配出现更为严重的分化。

因此，从某个角度来讲，互联网正在加剧贫富分化。但是，这又绝不仅仅是互联网在起作用，高铁、飞机等科技的进步，也在不断地提高世界的协作效率。需要说明的是：一个社会的互动和协作效率越高，"赢者通吃"的情况就会越明显，"超级个体"诞生的概率就越来越大。

因为人都是趋利性的，人们都想把资源投向最增值的地方，协作性越强的社会资源流动性就越强。这种"链接"对传统的"雇佣"关系形成了很大的冲击，甚至使其"断裂"。

这就是我们之前提到的：公司在消失，个体在解放。原来的"公司+雇员"结构变成了"平台+创客"结构。传统的雇佣关系正在行将就木，而个人的力量将得到充分发挥，在这张网状的社会组织上，每个人都是一个"节点"。而那种利用自己的魅力、才能，成为万众瞩目的人，也就是一个重大的"节点"，大V、直播网红能成功就是这个原因。

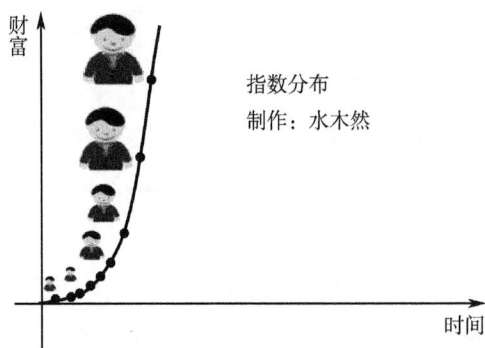

现在社会财富分布图——指数分布方式

在链接无处不在的时代，人的才能可以发挥得淋漓尽致，很容易制造财富神话，同时又很容易将凡人埋没，财富两极化其实是能力两极化的表现。

比如，2010年美国发行了7.5万张音乐专辑。其中，排名最后的6万张，全部销量加起来，大约为80万张，只占了所有专辑总销量的0.7%。而说唱歌手埃米纳姆的专辑Recovery，该年销量为342万张，排名全美第一，超过那6万张专辑总销量的4倍。这就是一种"一将成名万骨枯"的局面，也被称为"赢者通吃"（Winner-Takes-All）经济或"超级明星"（Superstar）经济。

不仅是唱片行业，其他行业也是如此。大家都会把鲜花、掌声及金币全部抛给一个顶尖人物。

我们先以某位老师的收入为例，来看一下互联网是如何形成集聚效应的。

一位高中物理老师通过在线教育平台，将自己的直播课标价为9元，结果共有2600余名学生购买他的这节课程，也就是说，他可以实现时薪2.34万元的高收入，月收入可达数十万元。扣除20%的平台分成后，这位老师时薪高达1.8万余元。后来据他本人介绍，实际最高时薪达到2.5万元，还略高于报道的水平。

而这种情况在传统年代是不可想象的，因为无论一个老师的声望有多高，最多开几堂大课，前来上课的学生总是有限的。但是在线教育却可以无限扩大学生的容量，这就是互联网带来的"集聚效应"。

最重要的是，当在线教育结合了直播、VR、自媒体这些日渐成熟的渠道后，像这位老师这样的顶尖人士，形成的集聚效应只能越来越强。而此时，对于那些普普通通的老师，可能生存空间就会越来越小了。

在传统年代，区域和空间为每位老师划分了自己的空间，每个人都有自己的学生，其中的教与学差距不会太大，并且形成了一种平衡状态。

而互联网的马太效应，迅速撕裂了这种均衡。

很多直播网红通过社交平台的联动性，将所有目光聚焦于一身。他们占据了我们闲暇娱乐的时间，无论打开视频平台、微信、微博还是新闻客户端，全部都是他们的信息，即便直播会给每个人展示自己的机会，但是大部分人依然会去看这类"快消类娱乐"，其优势显而易见。

当然网红具有一定的表演能力，然而像网红一样具有这种才能的人很多，这些人也是需要通过表演生存的，虽然直播、自媒体给了这些人新的生存机会，但不可否认的是，互联网新兴产业带来的市场一定是被金字塔顶端的人独享的。

那么，问题来了，我们该怎么办？

中国人有句话叫作：宁为鸡头，不为凤尾。这句话只有在当今社会才能体现其真正的价值，因为传统的中国社会是粗放型的，眉毛胡子一把抓，大家都想做第一、都想做鸡头，可是社会上哪有那么多第一给你做呢？

但是现在不一样了，互联网时代更注重协作，在信息高效对接的帮助之下，人与人之间的协作效率越来越高，因此整个社会分工进一步细化。我们都在拼命地弥补自己的短板，而今后实在没有必要精通一切，如果设计不够专业，可以聘用优秀的专业人才；如果市场、公关是短板，则有大量的优秀广告和宣传公司为你量身定做……你只需挖掘自己某方面的潜能，只需专注自己擅长的某一领域，其他方面可以通过合作的方式补齐自己的短板。

记住：不做第一，只做唯一。

水木然点评：

知人者智，自知者明。专注、专注、再专注，一定可以创造奇迹。一定要充分认识自己，发掘自己，坚持做某个细分领域的第一名。哪怕是一个非常细小的领域，能做到这一步，你就不再平凡。所以我们每个人都有逆袭的机会，这才是最好的时代。

第三章

商 业 重 组

财富4.0时代

中国创造财富的方式可以说已经到了4.0时代，但是大部分人的思维还停留在1.0时代。这就是这个时代最大的迷惘，以至于很多人真的不知道自己能做什么，甚至开始"病急乱投医"，今天我们就来梳理一下其中的关系。

一、财富1.0时代的思维——利润差价

载体：实体。
市场：卖方市场。

　　这个时代大体是从改革开放开始一直持续到2002年，这是一个产品相对短缺的年代，此时的劳动力充沛而廉价，资源的开发效率较低，人们的需求也很粗放。于是各种物质产品被源源不断地生产出来，然后努力去满足人们的需求。

　　因为社会需要产品去填充每个角落，在这种大背景之下，产品的生产和流通就显得很重要了，负责生产的是各类工厂，负责流通的就是各种经销商、批发商、实体店、各种商家等。

　　20世纪90年代，经常会有这样的事情发生：一些勤快又精明的人跑到浙江的工厂里去批发面料、被单之类的日用品在集市上摆摊售卖，每次都被一抢而空，为什么呢？一方面是因为东西便宜，另一方面是因为那个年代的地域差别以及信息、物流的不便。

　　所以供不应求的状况决定了整个市场是"卖方市场"。这个阶段获取财富的核心关键词就是差价，工厂赚取的是从"原材料"到"成品"的差价，商家赚取的是产品从"原产地"到"目的地"的差价。当然，这些商业行为大大地促进了商品的流通，维系了商业繁荣，在支撑起经济发展的同时，也给商家创造了财富。

　　既然是"差价型"思维，商家比拼的就是消息的灵通性。比如，温州人就从做小生意开始，在全国各地不断的来往过程中，逐渐地掌握了各地的产品价格行情，因此他们迅速地在全国各地渗透，成为中国第一批经济弄潮儿。

而其中一部分的温州人不再满足赚差价，他们开始从家庭作坊做起，自己生产各种产品（以轻工业、快消品为主），逐渐发展成为工厂模式，工厂再发展形成工厂群，然后就是产业集群、上下游产业链……

这个阶段一直持续到互联网、电子商务的兴起。

二、财富2.0时代的思维——单品海量

> 载体：传统互联网。
> 市场：第三方市场。

从互联网诞生的那一刻起，这个世界的规则就注定要被改写。

从2003年开始，中国逐渐进入电子商务时代。此时，社会的生产方式依然没有太大变化，但是消费方式逐渐开始发生了一些变化。

对于商业来说，各种第三方平台将所有的产品（包括价格、质量）在你面前呈现得一览无遗，它彻底改变了"人为"和"区域"造成的差价信息误区，再加上交易的信息化和物流快递的发展，商品流

通得更快了。

而此时中国商业经过30年的发展，同质化越来越严重，随便走在一条街道上，10家小店中起码有一半多写着"甩卖"、"清仓"、"全场特价"……于是，一大批单纯靠信息不对称来赚取差价的商家也顺其自然地被淘汰了。

然而，一批人倒下，就必然会有一批人站起来，这是铁律。而且当时开网店是免费的，成本几乎为零。于是第一批从"实体店"转型到"网店"（最初的淘宝店主等）的人，都是最懂这个时代的人。

由于电子商务不受现实空间的限制，所以很容易产生边际效应（即产品销量越大成本越低），所以很适合"单品海量"的产品，网店店主们最喜欢的就是"爆款"产品，如小米手机、褚橙等就是当时成功的代表。

此时还有一个重大变化就是由于第三方平台主导着流量和排名，卖方市场迅速变为第三方市场。"谁主导市场，谁就在分钱"这也是个铁律。所以，在电子商务时代，我们可以看到一个现象：最赚钱的是第三方平台。阿里巴巴的市值一直在上涨，京东虽然在亏钱，但是市值巨大。

而那些网店店主们不仅需要研究各种第三方平台的运营规则，还得花钱买广告位和流量，才能引来消费者。网店越来越多，而第三方平台的展示位置也是有限的，于是广告费越来越高（性价比也越来越低）。再加上此时的商品都是大同小异的，消费者比价太容易，导致价格战越来越激烈，网店只有不断地促销才能产生交易量，所以网店的成本不断攀升。

而此时，实体店由于生意萧条，房租也在不断攀升，加之越来越多的消费者转向网店，生意每况愈下。

此时还有一个变化，由于产品已经由"短缺"步入了"饱和"阶段，这也意味着一种微妙的变化又将开始了。

三、财富3.0时代的思维——以人为本

> 载体：产品增值。
> 市场：买方市场。

随着市场上可供消费者选择的产品越来越多，很多产品大量过剩，这也就是我们所说的"产能过剩"。产能过剩就意味着一定有很多传统工厂要倒闭。此时还有一个很重要的变化，那就是大家的消费水平也在升级。也就是说，传统方式生产的产品，已经越来越无法满

足人们日益增长的要求了。

所以，那些能给大家带来高性价比的产品仍然是短缺的，这就需要我们给产品增值，可以从两个方向去考虑。

第一是纵深化。将产品的某种功能做到极致，聚焦、专注，只服务于特定人群，从而引领行业的不断细分。

第二是定制化。给消费者量体裁衣，走个性化生产路线。今后的产品不再是整齐划一的一刀切模式，这也是"工业4.0"时代的生产特征。

以上两个方向将会导致市场的分化，就是说市场"大一统"的时代正在结束。

今后的产品很难再有统一的标准，这一群消费者喜欢的产品跟另一群消费者喜欢的产品是完全不同的，多元化是这个时代最大的特征。

而由于商业的细分，商家之间同质化竞争和价格战的情况将越来越少，商业重心已经转移到消费者这一端，"第三方市场"主导的市场正在变成"买方市场"。现在最关键的问题是如何圈住自己的消费者，那么，最好的切入点就是需求，一切从消费者的需求出发。

以前是先做产品，再去找消费者；今后将是先找到消费需求，再根据需求去定生产产品，商业的核心最终从生产产品端转换为需求端。这样一来就可以完全不用担心库存的问题，也就是供给侧（库存）大于需求的矛盾也由此可以很好地加以解决了。

按照"谁主导市场，谁就将获利"的定律，此时消费者将大大受益，并且有权分得产品利润的一杯羹。进而言之，谁拥有聚合消费者的能力，谁就掌控了未来商业。那么，最好的时代即将到来。

四、财富4.0时代的思维——人格信用

> 载体：移动互联网。
>
> 市场：信用市场。

马云说："如果说中国还有什么红利没有被发掘的话，那么，信任、互信就是最大的未开发财富。"的确，中国未来还有一波最大的红利，那就是社会信用关系的重建。

为什么这样说呢？

在传统互联网时代，第三方平台的特点是"强信息、弱关系"。比如淘宝、大众点评，都在强调商品信息的正确性、公开性，但是平

台上的消费者之间的联动比较少，由于消费者过于分散，只能任由平台发号施令。哪种商品做活动了，哪种商品能上首页，哪种商品必须得下线，都是第三方平台说了算。

2010年至今随着4G的普及及5G的即将到来，移动互联网的迅猛发展将改变上述状况。这是因为移动互联网时代的特点是"弱信息、强关系"。我们每一个人都是一个独立的IP、一个独立的经济体，而且彼此联动性很强。我们获取信息的方式更多地来自于分享，而不是被告知。

既然商业核心机理从"物以类聚"过渡到了"人以群分"，那么今后消费者也必将从分散走向联盟。作为一个消费者，今天你不主动把别人团结过来，明天别人也会把你团结过去。请记住这一点非常关键，因为谁主导了消费者，谁就主导了市场，谁就能赢得利润。

看看现在的淘宝吧，排名靠前的店铺机会都被"网红"把持了，再看看现在的大V、女主播、自媒体、各种社群及明星自创的品牌等，都是这种特征的直接反映。

什么才是团结别人的最好工具呢？当然是信用！

在移动互联网、大数据、云计算的驱动下，中国信用市场正在建立。一旦信用市场建立，它的意义不仅在于整个社会的运作效率将大大提高，而且意味着人们开始遵守规则、信奉契约精神，这是找回信仰的第一步，中国人的聪明才智将大有用武之地。

这就是为什么马云会认为"互信"是最大的待开发红利。而今后的市场一定是"信用市场"！"链接力"将成为未来最重要的一种能力。

对于未来的每个人来说，信用会变得格外重要，可以这样说，最好的营销是内容，最好的内容是产品，最好的产品则是信用。

第二节

|Section|

商 业 大 势

用一句话形容商业变化是最恰当不过的，那就是"物以类聚，人以群分"。

"物以类聚"代表着"曾经"，"人以群分"代表着"未来"。具体来讲有两层意思。

第一层意思：原来社会的中心是"物"（产品、商品），未来社会的中心是"人"。

在工业革命之前，推动整个世界进步的基本要素是文化，世界上各个地区都有自己的文化体系。自从工业革命发生之后，从西方社会开始，大量的产品（商品）开始充斥社会的各个角落，在资本的趋利性主导下，商品成了推动世界进步的主要要素之一。

综观整个经济学发展历程，商品是经济规律变化的根本，无论是亚当·斯密还是马克思，都是在此基础上展开自己的理论，衍生出了利润、价值、价格、货币、金融、信用以及上层建筑，比如法治、制度等，从而构建了自己的理论体系。

这个阶段最重要的特征就是人随物动，人的行为需要围绕商品进行。比如，我们需要控制商品的成本（物料），同时还需要提高商品的质量，虽然我们有管理学、营销学、心理学，但究其本质都是为了商品而服务。再如，管理的本质是降低成本和提高质量，营销的本质是如何卖出去更多的商品，心理学的本质是为了让人学会去适应外界的能力。

所以，整个经济社会不是以"人群"为本的，而是以"商品"为本的。商品是客观存在的东西，有一定的变化规律和周期，人需要努力调整到某一种状态，才能适应那股"商品波"。

那么，又是什么使这种情况开始发生了变化呢？

在商品相对匮乏的时候，人对商品的要求就会比较低，就是所谓的"饥不择食"。而一旦商品越来越多，人的要求就会自然被推高，就是所谓的"挑花了眼"。所以大家会发现：虽然我们周围的东西越来越多了，但是你能中意的东西却越来越少了。

很多人都觉得现在生意越来越不好做，因为价格战盛行，价格透明，利润越来越少，越来越让商家感到失望，其实是商家没有认清变化的本质，关键不在于你提供的商品，而在于你服务的人群上。

这个时候，你需要从"商品"里"跳"出来，直接与你要服务的人群进行对话，看看他们真正的需求是什么？也就是说，商业重心开始从"物"向"人"倾斜，我们之前经常说要以"人"为本，道理就在这里。

而"物"的核心是"价格"，"人"的核心是"价值"。

对于企业来说，如果我们还停留在传统的思维上，认为现在的问题是成本问题、营销问题或管理问题，则无异于南辕北辙。对于我们来说，突破的关键点不是在"价格"上，而是在"价值"上。

顺着这个思路，未来企业突破瓶颈的关键就在于服务的精细化、定制化。

当然，这里还有一个不可或缺的因素，那就是科技的进步也在努力推动着这一变化进程。

在大机器生产的工业年代，产品都是整齐划一的，人要去适应产品。比如，我们穿的鞋子，男鞋标准尺码多为40、41或42码，女鞋标准尺码多为36、37或38码，但每个人的脚都是不一样的，为什么不能做到多大的脚就穿多大的鞋，一双脚就配一双鞋，而是一定要设置这些标准尺码呢？为什么是脚适应鞋，而不是鞋适应脚呢？这是因为这样做可以将成本降到最低，分成不同的标准尺码有利于机器大规模地批量生产。

而随着物联网、大数据、云计算、3D打印等新技术的进步，定制化正在被逐渐实现。在不远的将来，你把脚伸进机器里，然后一双鞋就被打印出来了。

在工业4.0时代，以消费者的需求为导向再去生产，就是一个根本性的变化，它将整个供应链都逆向打通了。以前是从物到人，现在是从人到物。对于经济来说，这就好比逆向打通了一个人的任督二脉，变革势在必行。

第二层意思：原来社会按"物品"归类，未来社会按"人群"归类。

先来看看现在的社会布局吧，比如对一个城市来说，这里是小商品批发市场，那里是美食街，再那边是服装一条街，还有汽车城、电玩城等，整个城市格局基本上都是依照商品布局展开的，同一类商品会放在一起。因此，买东西要去哪里，吃饭要去哪里，我们的经济活动会围绕商品的布局而展开。

但是大家发现没有，这种情况正在悄悄地发生变化，商品逐渐开始围绕人在转了。比如你想购物但不想出门，在网上下个订单，快递员很快就会把物品送到你家；你饿了但懒得下楼吃饭，打开APP下个订单，十几分钟后就有人送饭上门；足不出户各种APP就会帮助我们完成我们的需求。

原来的"商品"都是静止的，需要"人"去追寻它。今后的商品都是可以流动的，由"商品"变成了"商品+服务"，这个服务就像商品长了两条腿，然后主动地去追寻它服务的"人"。

对于企业来说，原来以"产品"为核心，今后将以"服务"为核心。原来所有的出发点都围绕在"产品"上，比如在研发和设计上花费大量时间，今后的出发点一定是以"人群"（消费者）为主，在生产之前一定要做调研，在"人群"上的触角伸得越远越好，以终为始。这也是工业4.0时代最大的生产特征。

商品是一时的，服务才是永恒的。因此，你提供的服务价值，远远大于你提供的商品价值。千万不要再按照传统的思路去规划产品，一定要有明确的目标，那就是我究竟是服务于哪类人群。确定了服务的对象之后，定位一定要快、狠、准。"商品+服务"的组合必须越来越专注。

第三节

商业逻辑的进化

从2015年到2017年，传统商业一直在转型还是不转型的态势中挣扎着。

从O2O到"互联网+"，再到互联网思维，人们试图从创新概念寻求崭新的"商品通路"。但是这些创新概念并没有触及问题本身。

现在我们就来梳理一下未来的商业逻辑关系，从中你会发现一些端倪。

传统商业链条上每个环节都有其难以承受之重。

对于生产商（工厂）来说，用工成本越来越高，税率负担越来越重，而且随着出口形势的下行，很多企业从出口转为内销，导致国内竞争更加激烈，再加上很多工厂都是贴牌去生产，产品同质化严重，没有附加值，利润越来越低，工厂倒闭的越来越多。

对于品牌商来说，上下游三角债缠身，而且库存居高不下，电商冲击严重；利润率也在急剧下降，再加上属于实体发展需要很大的资金投入，这让资本市场望而生畏，于是步履维艰。

对于百货商城来说，它们对发展的认识还只停留在扩大营业面积、内部豪华装修的层次上。然而目前的状况是经营成本大幅度上升，规模经济效益递减。再随着品牌商的兵败如山倒，撤柜比入驻的多，倒求品牌商的反向趋势已经形成，各种装修补贴和广告补贴已经让百货业的业态成为鸡肋。

对于代理商来说，他们只是商品流通的中间环节，受制于品牌商的各种政策，没有发言权，各种新模式、新想法、新技术因无法与品牌商的整体战略规划同步也屡屡搁浅，可谓进退两难。

对于终端店来说，房租和百货商场的扣点居高不下，打折促销已经成为销售的必行之道，有折有卖，不折不卖，然后还得与电商拼价格，在销量和利润的夹缝中左右纠结。

总之，这就是传统商业的现状：每一个环节的商家都感觉利润太低、人才太缺、风险太大……大家都不缺想法，却又都不知道从何处着手来改变现状。

一、传统商业的问题

追溯上述环节，会发现库存和折扣是吞噬传统商业的两大黑洞。库存导致资金链出现问题，折扣导致低利润，这两者都是致命的，更何况叠加到了一起。

库存是如何产生的

让我们来看下图，这是某企业的产品批发与代理模式图。

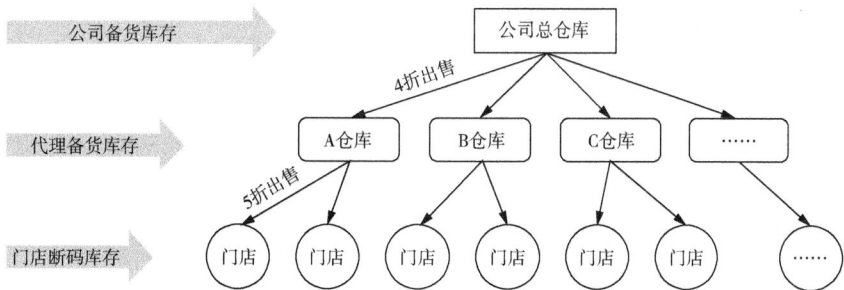

从这个图中可以看出，这就是传统产品的销售通路，是一种连锁的大批发模式，每一个下游环节必须先花钱向上游环节进货，而且每

一个环节进货的数量都是有要求的，产品不是直接卖给消费者，而是先卖给了代理商，代理商再卖给经销商，最后才卖给消费者。

这其实是一种自上而下式的摊派做法。但是产品的销量是一定的，超出市场消化能力之外的那部分产品就变成了库存，层层分布在各个环节中。

折扣是怎么产生的

库存导致了资金回流与周期问题，各级代理商为了甩掉自己手里的库存，总会尽可能地以更低的折扣供给下一级经销商。因此，降价是传统商业最原始的诉求。

再比如，级别高的代理商会拿渠道来牵制生产商（厂家）降低折扣；而级别低的代理商，厂家如果不给他降低折扣则会面临倒闭的风险。

这种逻辑关系映射到产品的价格上就会导致价格战，有折有卖，无折不卖，你低我更低。

而厂家为了保证自己的利润，在降低折扣的同时，就会抬高产品的标价（吊牌价），使标价远远高于成交价，因此整个市场完全陷入了没有章法的局面，混乱不堪。最重要的是，品牌价值也开始贬值。

所以，我们可以发现一个现象：诸如李宁、美特斯·邦威等品牌商品似乎一年四季都在打折……于是很多品牌积累多年的形象被"折扣"一招打败。

折扣的深层次原因可见下图。

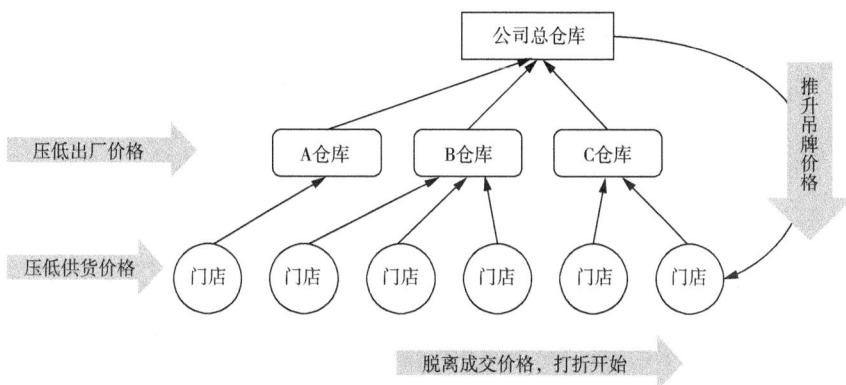

这就是大批发时代的商品通路模式，已经濒临崩溃。

打响商业革命第一枪的就是电子商务（电商），因为电商没有渠道挤压，实体店7折、8折可以出售的，它们5折、6折就可以出售。于是那些依靠实体店的品牌商，开始压制电商的发展，坚决杜绝网销。

然而此时商业的逻辑已经被互联网改写了，硬堵不如疏导，排挤不如利用。可惜很多品牌商都是事后才明白了这个道理。

二、破除层层盘剥，跨越种种障碍

未来的商品应该直接从品牌商手里销售给消费者，这里没有供货价，也没有供货折扣，而是由品牌商根据库存的仓位，统一制定零售成交价。这就要求品牌商对终端零售必须有定价权、管理权，而以前的连锁经营模式诸如直营、加盟、托管、联营，或者在此基础上的改良模式如保毛利模式、反保底模式、成本+利润模式，都做不到这一点。

解决问题的核心在于，未来要实现同款同价，破除层层批发，就要做到直营店、加盟店和线上店的"三店合一"模式，而三店合一的最核心问题就是，如何才能将加盟店直营化？

加盟店直营的核心在于，将终端（实体）店的资产与品牌价值联动起来。其实在实体店经营过程中，大家往往忽略了一个很重要的问题，那就是零售流水的价值。

什么是资产？能确权的部分才能称得上资产。一个门店有什么是可以确权的呢？首先，门店的所有权是房东的；门店的经营权是承租人的。其次，门店还有一项资产就是收益权。收益权就是一个门店的营业流水。

把门店的收益权变成资产的唯一路径就是资产证券化。所谓门店收益权的资产证券化，就是把现有的门店收益权份额化以后，让投资人投资，投资人只要参与门店的投资，就可以分取门店的收益权分配的部分收益，最典型的就是海澜之家的模式。

因此，这就发挥了金融杠杆的作用，将实体店的收益权盘活。

这种方式同样适用于其他行业。未来，每一个行业都必须发挥金融的作用。因为金融的本质是信用，我们利用信用价值之后，产品流通的速率就会大大提高。

这个逻辑同样适用于加盟店，我们只需利用加盟商上缴的保证金作为担保，形成现金与债权的双授信，实现加盟商第一家店投入后，就可以借助银行的循环授权获得后续门店的投入资金。

当然，除此之外，我们还必须解决产品本身的附加值问题，那就是文化的力量，以及电商所能解决的生产资金先回笼和用户锁定的问题。

从生产角度来讲，如果不能打破标准化生产的现状，产品被整齐划一的形式就不会被改变，这需要大数据、智能生产的进步。从渠道角度来讲，如果不能改变大批发的层层盘剥模式，产品的折扣和库存问题就不能改变；从消费角度来讲，如果不能直接和消费者进行对接，盲目、无序生产的问题就不能解决。产能过剩就是这样产生的。

所以，传统商业突破的核心就在于以下两点：

● 如何不通过大批发也能把商品展现在每个消费者面前。

● 当消费者确定需要某件产品的时候，再由厂家直接通过物流提
供给消费者。

三、新零售

2016年，新零售由马云在云栖大会上提出。生产力的进步才是
社会进步的根本驱动力，互联网发展到今天诞生的支付体系、智能物
流、云仓管理等才是新零售诞生的根本原因。

围绕互联网时代的公开化、平台化、共享化特征，新零售新在哪
里呢？

顶层设计公开化

未来只有一种公司能生存，那就是平台化的公司。未来企业与人
才的关系、人才与人才的关系更趋于合作联盟模式。简单来说就是
把你的供应商、渠道商、店家等融入进来，从上下游关系变成平行关

系，变被动为主动。

实体店资产证券化

以实体店未来所产生的现金流为偿付支持，通过结构化设计进行信用增级，在此基础上发行资产支持证券，用以保证手头现金流充足，也在最大程度上将资金周转率进行提升，从而将资金收益最大化。

双轨制管理经营模式

必须将每个人的主动性无限放大，把实体店的投资和经营管理分离，将投资收益与经营收益分开进行结算，规避投资者没经营能力、经营者没投资能力的情况，彼此取长补短，形成利益共同体。

产、供、销连为一体

其本质是利用电商、线上平台掌握消费者的需求数据，然后建立快速反应机制，实现小批量、短周期的生产，缩短运行时间。

利用合作直营模式

连锁企业可将所有的分店改为合作直营模式，将加盟店收归为直营店再反承包给加盟商，经过一收一放，就可以统筹全局，实现统一定价，实体店、网店、微店三店合一。

利用大数据管理

一切以数据为核心驱动，未来必须加强对大数据的重视，从获取消费者属性数据开始，能有多细就要多细，包括用户属性（诸如年龄、性别、消费能力……）和消费数据（消费历史数据），根据这两个数据在一定程度上判断对新产品的需求度和需求量。随着大数据技术应用的成本降低及企业对其认识的提高，数据将成为决策的重要因素。

所以，新零售突破了工业时代的各种围墙，通过这种商业模式，一种产品可以迅速在全国铺开。未来商业架构中，地域性的重要性将大大下降，经营和管理的与时俱进更为重要。

传统零售业发展的五大要素：选址、订货、销售、物流、管理，未来势必转变为模式、平台、团队、内容、经营。传统零售企业突出的是"产品为王"，卖好东西，而未来也必然转变为让东西好卖，向"用户为王、服务为王、分享为王、体验为王"的方向不断延伸发展。

未来基于大数据构建的个性化消费场景中，互动性内容也将扮演重要角色，使用户更高效地发现并融入有共同兴趣的圈子，使内容与用户强关联。商业的本质正在从"物以类聚"向"人以群分"转变。

"新零售"的核心就是以消费者为中心，从而建立起会员、支付、设计、服务等全面联通的系统。未来每个人都可以有自己的电商平台，不需要入驻某个大型电子商务平台，不需要再成为传统零售的一个环节、一种形式。这也代表了价格消费时代将向价值消费时代全面升级。

从生产者到消费者的路径优化，显然最理想的路径就是，让价值点和需求点进行自动的、点对点的匹配。商业发展的进化也是整个社会发展的缩影，便利性、个性化、平台化、价值化、定制化等是大势所趋。

四、未来企业的组织架构

传统产业链结构中，消费者面对的是渠道商，渠道商面对的是品牌商，品牌商面对的是生产商，生产商面对的是技术商，技术商面对的是资本，资本面对的是金融市场，好像一排纵队一环扣一环，信息是不对称的，而且被层层隔离。此时位于结构链末端的消费者想要看清整个产业链是非常困难的。

就好像是一路纵队，很容易出现多米诺骨牌效应，前面一个倒下了，后面就会跟着倒下，一个环节有问题，就会影响全盘。

而现在不同了，无论哪一个环节，互联网时代信息都是公开的，于是一路纵队变成了一路横队，如下图所示。

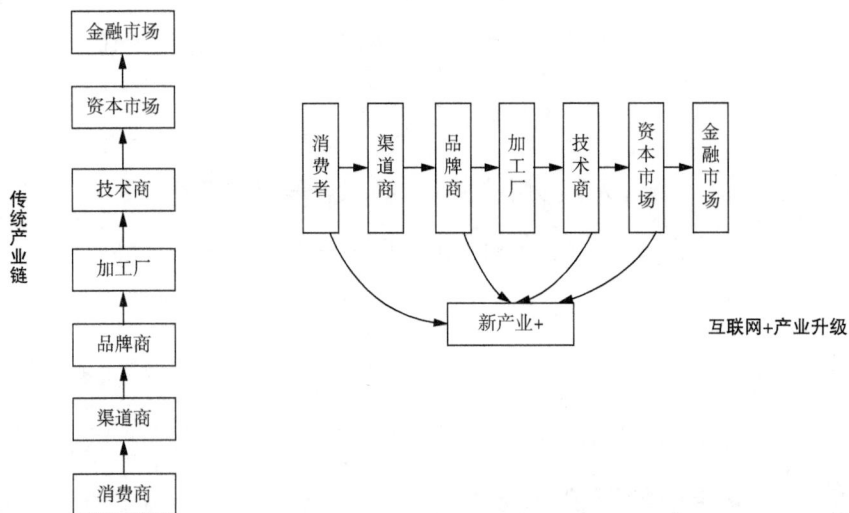

互联网把产业链由纵向变成了横向，产业链结构尽收眼底，这时无论是渠道商、品牌商还是技术商等，我们想要了解哪个环节的信息都会一目了然。

公开、开放是整个产业链的大势所趋，需要让品牌共营、渠道共享、流量互通，甚至生产者与消费者直接互动。企业结构也是如此，股东、员工、渠道、商品等信息都在逐渐开放。所谓海纳百川，有容乃大，一切组织必须打开自己的格局，敞开胸怀拥抱世界。

在未来的组织结构里，依然会有环节，环节里依然会有个人，但是这些个人都是平行且独立的，这就是一套没有秩序的秩序。而且一定是专业的人处在专业的环节，去做专业的事情，这就是社会的组织变革，就好像未来的战争一样，所有部门均能各自为战、化整为零，既要求单兵高效的作战能力，又要有组织的协同能力。

那么，如何布局一个品牌的"商品通路"呢?

首先，将所有门店零售总额的50％进行打包销售，一次性拿回投资款。

其次，利用手中的投资款和加盟店的担保资金，将加盟店收归为直营店，并反承包给加盟商，将所有门店直营化，也即合作直营。

2017年将是整个实体店（终端）最苦难的一年，也是最适合收购的时机，我们可以在此时完成终端店的布局，同时为所有的单一门店配备网店、微店，进行三店合一的配套。

同时每年可以打造部分爆款，借助于文化和影视的宣传窗口，通过明星、粉丝效应引导爆款的产生并提高产品的知名度。

这样就使各终端门店和总公司形成了一个有机整体，成为"总公司—分公司"的关系，每个门店按照分公司的标准进行打造和财务管理，管理机制完全按照直营体系进行，品牌商统一定价、统一管理、统一调控货品，然后与加盟商一同分享利润。

此时商业的两大致命问题"价格战"和"库存"也就消失了。

库存的消失意味着每家终端店根据销售情况来配货，货物销售情况每日通过云仓储系统自动记录，总部根据月度或年度的汇总数据及时进行商品生产配送，这样可以最大限度地减少终端库存。

折扣的消失意味着不管是网店、实体店还是微店，都是一个价，这就从源头杜绝了串货行为，所有产品按以往销售情况划分为畅销款、平销款和滞销款来处理，畅销款按原价卖，平销款按活动价卖，滞留款按处理价卖，这样能够最大限度地保证价格的公正、合理。

这就是未来的"商品通路"，是一种更加高效的管理和运营模式。这种模式把大家从松散的对接变成一种紧密的衔接，反应会更快，摩擦会更少，协作将更加高效。

可以发现，未来公司做大的秘密只有一个，那就是平台化。平台化的本质就是商业从"竞争"时代跨越到"大协作"时代。

第四节

| Section |

按 需 生 产

要想彻底地读懂未来的社会，除了弄懂商业逻辑变革之外，还必须弄懂经济体制的变革。

原本的世界经济一直靠两条腿走路：一个是"自由市场经济"，以美国、欧洲、日本、中国香港等为代表；另一个是"传统计划经济"，以苏联、改革开放前的中国为代表。两条腿走路，前后交叉，总体来说世界经济是前行的。

自从中国改革开放和苏联解体以来，全世界基本上都采取了"自由市场经济"的形式，这就好比由两条腿走路改成了"单腿跳"，又往前跳了一段距离后，到现在我们却发现，这个单腿跳的人再也跳不动了。

为什么传统计划经济被淘汰？

计划经济的本质是指令性经济，是国家在生产、资源分配及产品消费各方面做好统一规划和部署，然后再分头去行动。它的效率是由决策者的洞悉能力和调控能力决定的。关键问题是，我们的社会并不存在一个"无所不知、全心全能"的决策主体，它可以对整个社会资源的流动做到了如指掌、细致入微。再优秀的决策机构也都是由人组成的，只要是人就脱离不了人性的干扰、人性的弱点，而且人的智力和能力也是相差无几的，所以这种运作效率只能维持在某个水平。中国早就摒弃了传统的计划经济，苏联也已经解体，这也充分说明了传统计划经济是走不长远的。

为什么西方的自由市场经济也不完美？

由于自由市场体制没有协调机制，它的供给和需求永远都是错配的，社会生产的物质总是会多于实际的需求，这就产生了极大的资源浪费，诸如垃圾如山、环境污染、资源过度开发、产能过剩等现实问题在很大程度上都归结于这个原因。而且杂乱无章的自由市场经济总是会产生太多的负面作用，比如重复建设、恶性竞争，再加上马太效应和贫富分化等，最后的结果就是工厂倒闭、工人失业、积压严重、利润超薄……

既然自由市场经济不行，传统计划经济也不行，那么未来社会的出路在哪里？

马云表示：在未来30年，"计划经济"成分会越来越大。他的原话是这样说的："在没有发现X光和CT机之前，中医是没有办法把人的肚子打开来看一看的，所以中医的号脉，望、闻、问、切形成了一种独特的诊断系统，但是X光和CT机被发明以后，疾病诊断发生了天翻地覆的变化……相信在数据时代，我们对国家和世界经济的掌握，就像拥有一台X光机和CT机那样……信息IT是对昨天的总结为主，而数据是对未来的研判和预判。'上医治未病，中医治欲病，下医治已病'，我们必须学会上医治未病，未病就是可能出现的问题。"

这里马云说的计划经济并不是传统意义上的计划经济，而是依赖于一套数据运算系统，直接将社会需求全方位地运算出来，然后再去生产和运营，传统计划经济之所以失败，就是因为消费者是没有发言权的，没有选择的权力，时间久了，产品便会偏离其使用价值而造成供需错位。

技术变革是推动一切变革的根本力量。在大数据、云计算、物联网、3D打印等发展之下，使很多原来实现不了的事情正在变为现实。

在水木然的《工业4.0大革命》里曾提到：互联网发展到一定阶段，必然会深入到制造业与互联网的高度融合，诞生出C2F（顾客对工厂，简称客厂）模式，在传统的生产方式里，产品是生产者说了算，消费者只需要根据自己的需求决定买或者不买。而未来是消费者需要什么，生产者就来生产什么，这是一个逆向生产的过程，不仅意味着定制化、个性化生产时代的到来，整个社会的供应关系也会被摧毁重建。过去是从生产到消费，现在是从消费到生产，而这恰恰也就是"工业4.0"的本质所在。

> 水木然认为，未来的经济结构应该是这样的：生产从属于消费，未来的每一件产品，在生产之前都应该知道它的消费者是谁，唯一的标准就是符合不符合消费者的需求。生产商之间比拼的不再是价格，而是谁能最先对接到消费者的需求，以及完成消费者需求的精准程度。

这就是按需生产。

对于传统工厂而言，它们从来没有深入了解、统计、整合消费者的需求，所以消费者的需求和设计、生产、贸易、销售等都是分离的。工厂只关心订单的批量和规模，贸易商只关注利率和差价，销售商只关注打折和促销……

工厂如果只按销售商预估的产品进行生产，就会不可避免地产生库存和积压，而库存和积压是吞噬厂商利润的黑洞。中国零售商品的零售价往往是成本的5倍，眼镜、珠宝、奢侈品的零售价往往是成本的百倍。当然，这一切也受技术所限，只要一个社会的科技在发展，其经济就一定不会停滞。

过去10年属于互联网企业，未来10年一定属于彻底转型的传统企业。传统企业会因互联网而发生裂变、重构。未来成功转型的企业，一定会以移动互联网为工具触觉（比如各类APP、各种应用程序）去感知消费者提出的要求，然后倒逼回产品的设计、研发过程，更重要的是，借此机会获得消费者的订单，将订单和消费者的要求一起反馈给供应商，待产品生产出来之后，再通过强大的物流系统送到消费者手中去。

这就是未来的供应链，具有扁平化、定制化、柔性化三大特点。

未来社会的决策主体不是某个机构，而是一个强大的机制，这个机制只依赖于数据和信息。当汇聚到足够多的消费信息之后，决策信号就自然形成了。决策信号对各个市场配发"分散决策"，于是每个市场主体都有了一套"自发秩序"，组合起来就是一套完整而有序的系统，生生不息，有条不紊。

在这样一个价值体系中，每个人都同时既是消费者又是生产者，如果再采用合理的机制，那么参与到设计、生产的消费者也会得到相应价值的回馈。这样大家都会发挥主观能动性和创造性，去创造价值。

所以未来社会的权利也具有去中心化、扁平分布的特点，每个人都有自己的发言权和定义权。

而对于世界来说，中国未来的角色更像是一个信息大节点。这是因为中国电子商务已经处于世界最发达水平，再加上跨境电商向其他国家的渗透，以及阿里云的顶层配合，中国可能组织成一种全球性大生产，这种大生产首先打破的就是美国主导的传统全球产业链。传统的全球产业链就是由资源型国家、生产型国家、金融型国家构成的产业链条，然后美国以贸易和货币为手段，对不发达地区进行变相掠夺。但是这种局面即将被改变，因为未来的规则很简单，就是发动全球化协作的力量，为全球每个角落的消费者生产他想要的产品。

以前，很多产品都是在中国生产，再贴上国外的牌子高价卖回中国。所以电子商务的真正意义就在于，任何一个地方的消费者，都可以享受到任何一个地方的顶端产品，一旦省去了传统的贸易和贴牌环节，消费者将大大受益，所以未来的全球产业链一定会大重组，不再是纵线的剥削链条，而是横向的扁平分布式的链条，即将全球的消费者和生产者直接对接，消费者不仅受益，还可以参与设计过程，实现跨国生产和定制。

过去之所以诞生像沃尔玛、家乐福这样的全球连锁超市，是因为它们负责全球产品的流通，通过采用全球化采购和零售的方式，可以获得最大差价。而未来是互联网调控产品的流通，通过采集各地的需求和供给数据，进行自动匹配。天下没有最好的产品，只有最合适的产品，水往低处流，价值往高处走。只有当一个产品满足最合适的消费者的时候，才能发挥自己的最大价值，这就是全球化大生产的意义。

未来既不存在"公有制"，也不存在"包分配"，更不会存在大量混吃混喝的"体制内人员"。而每个人的"收入"都会和"价值"直接挂钩，一个优秀的制度必然使大家各归其位、各尽其才。

再来思考一件事，自从新中国成立后，已经先后经历了"计划经济"和"市场经济"两个阶段。在"计划经济"阶段，中国实行"按计划生产"；到了"市场经济"阶段，中国开始"按市场生产"。而现在我们正要实行"按需生产"。随着科技的发展和生产关系的调整，未来我们将逐渐过渡到"按需分配"的阶段，因为定制化就意味着产品的多元化，社会的物质产品一旦各不相同、琳琅满目，每个人就会各取所需，那么传统的竞争和抢先就没有意义了，社会将呈现出和而不同的局面。

第五节

~~~~~~~~~~~~~~~~~~~~~~~~~~~ | Section | ~~~~~~~~~~~~~~~~~~~~~~~~~~~

投 资 曲 线

一、$E=MC^2$

无论世界如何发展和变化，其本质和规律都不会改变。无论是房市、股市、创业还是投资，一个市场越成熟，其轨迹发展越接近一条曲线。

这条曲线有两个要素，一是趋势，二是节点，掌握节点比掌握趋势要重要得多。一旦踩准了这条曲线的节点，就相当于把握了成功的命脉。

我们先从爱因斯坦的一个著名公式讲起：$E=MC^2$（能量＝质量×光速的平方）。

这是他一生智慧的浓缩，极其简练明了。这个公式可以说明，一切物质都可以转化为能量，深层次的含义就是能量才是这个世界的本源。

对于有形的物质来说，小到原子、分子，大到天体运行，都在不断地运动，从而产生能量；对于无形的物质来说，比如空气、声音、电波、信息等也是在不断运动的，也会产生能量。

那么能量是以什么形式呈现的呢？那就是"波"。波是什么样的？想想我们高中曾经学习过的正弦曲线吧。

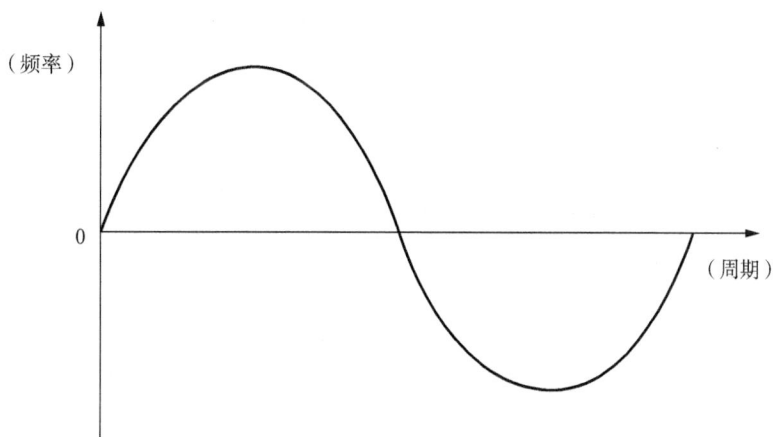

这就是一个完整的波长，也代表着事物的一个完整的发展周期。世间的一切有形、无形的物质都遵循这个规律，包括白天/黑夜、经济周期、房价、股市等，只是周期和频率各不相同，这其实是世界万物的基本状态。

如果我们再看下面这张图，就能明白它的根本属性了。

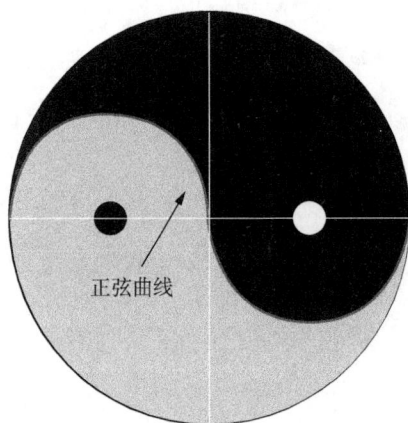

正弦曲线

一正一负恰恰是一个周期，也是一个整体，这也是万事万物都逃脱不了的规律。越是成熟的事物，其发展轨迹越接近这条曲线。

马克思也发现了这条曲线，他在《资本论》中写道：只要资本主义制度不改，经济危机的根源就无法消除，而且经济危机会周期性地爆发，这种周期包括四个阶段：衰退期、萧条期、复苏期和繁荣期，如下图所示。

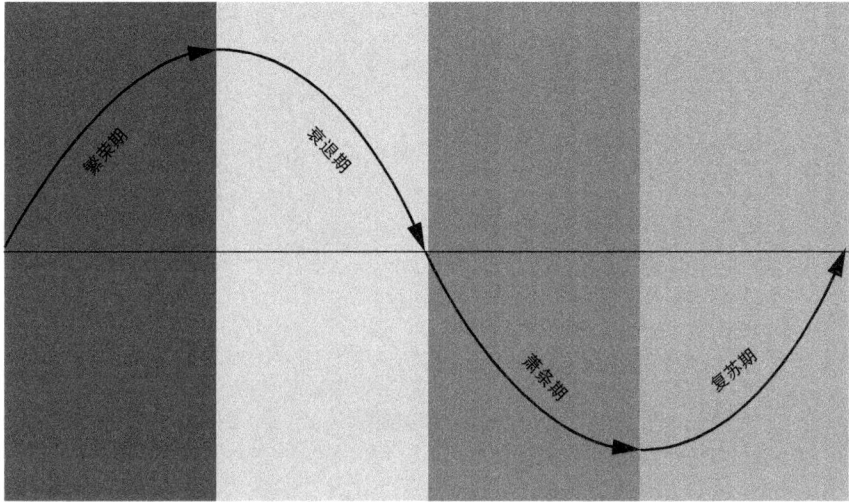

这条曲线，其实就是当今世界经济的发展轨迹。

也就是说，无论是创业、就业、恋爱、交友、炒股还是买房，你都要明白你当前所处的位置和你即将面对的趋势是什么，没有什么是一成不变的，更没有什么外来经验能够直接拿来使用，关键看你当下所处的节点是什么。

二、虚实相得益彰

既然社会的本质是一种往前蔓延的波，那么究竟有哪几种基本的波呢？

水木然认为可以分成以下两大部分。

● 线上的信息流、货币流（虚拟产业）。

● 线下的产品流、人群流（实体产业）。

我们所从事的任何一个行业都离不开下面这四种业态，一个完整的产业更是缺一不可。当然每个行业的侧重点不一样，比如：

"信息流"以媒体、电子商务等互联网产业为主；

"货币流"以银行、互联网金融等金融产业为主；

"产品流"以制造业、零售业等实体产业为主；

"人群流"以实体店、培训、教育等服务业为主。

它们之间的关系是这样的：

● 线上的"信息量"和"货币流"是相辅相成的，它们构成了虚拟经济；

● 线下的"产品流"和"人群流"也是互相映衬的，它们组成了实体经济；

● 线上的"虚拟经济"和线下的"实体经济"也是交相辉映的，它们形成了经济主体。

然后，它们之间彼此交融，类似于DNA的螺旋式上升结构，这就是经济发展的框架和逻辑。这两股流体一边交合一边延展，你上我下，我上你下，然后定期互换方位。

一阴一阳谓之道。线上的虚拟经济和线下的实体经济的关系与和谐程度，决定了经济的健康和发展态势。

以前各国都在争抢金融产业和互联网产业，把制造业推向国外，现在发现自己越来越空心化了，又回过头来抢占制造业，最典型的就是美国。

显然，当下就是实体开始上位的时刻。虚拟经济发挥久了，必须轮到实体上位了，这就是我们所说的虚拟经济过热及实体经济的回归。

科技和金融分别是实体经济和虚拟经济的核心支撑点。科技的本质是生产力，金融的本质是生产关系。生产力决定生产关系，生产关系一定要适应生产力的发展，不然就会对生产力产生阻碍，这是我们初中就学过的原理了。

对于社会财富来说，科技和实业的作用是直接带来增量；互联网和金融的作用是优化存量、优化资源配置，从而促进增量增长。

所以，当今世界真正意义上的中心只有两个：一个是金融的核心华尔街；另一个是科技的核心硅谷。

> 水木然认为：这一轮大变革其实就是实体的回归，过热的虚拟经济已经让世界在急速运转，接下来很多虚拟产业的泡沫将被刺破。我们必须要对这一变化做好充足的准备。

三、踏准市场节点

正如上面所言，一个市场越成熟，其轨迹发展越接近正弦曲线。

每一条曲线都包含两个重要要素，一个是趋势，一个是节点。关于趋势的问题，我们已经讨论得太多，这里就不再多做探讨了。实际上，掌握节点比掌握趋势要重要得多，比如房价，都说长期来看是涨的，关键问题是房价的局部会有回落，那就要看你对节点的拿捏是否精准。

下面我们就以房市最近的一个完整周期为例，来看看节点是怎样产生并"原形毕露"的。

　　大家回想一下2015年下半年的经济形势，当时除了刚需族之外，房子基本没有其他人购买。那时流行的是创业，很多人奔赴在创业的最前线。

　　2015年年底中央经济工作会议召开之后，有一个词特别的火——去库存。当时二三线城市房子的库存量大得惊人，一些城市的去库存周期甚至达到了100个月。很多人认为房地产就此"歇火"了，都在唱衰房地产，这就是所谓的买涨不买跌。

　　随后政府出台了去库存的政策，开始救市。现在来看，去库存其实就是下一波楼市火爆的起点，从2016年下半年开始，先是深圳、上海领涨，苏州、南京、厦门、合肥"四小龙"跟上，然后杭州、武汉、广州等城市的楼市也都开始大涨……

　　大家这时才发现新一轮房价牛市到来了，于是很多人趋之若鹜，开始去抢房子，这就是2016年年底的情况。这时政府意识到房价的飙升会对实体经济造成伤害，于是在2016年年底，同样是在中央经济工作会议上，政府发声："房子是用来住的，不是用来炒的。"

　　但是此时很多人依然扎堆去抢房子，认为抢到就是赚到，直到2017年的4月，各地相继出台了极其严厉的调控政策，比如"限购+限贷+限售"。但即便如此，也没有控制住房产的火爆，于是上海又出台了新房销售要公证摇号的政策。这种政策很有可能被其他城市借鉴。

从现在开始，房地产的火热行情一定会逐渐趋冷，进入一个低潮期。比如现在很多地方房子的销售量已经开始回落，随之而来的就是价格的回调。当然，具体要看区域，但这就是趋势。

当房子再次出现无人问津的局面之后，一定会再次回到2015年年底的那种情况，然后开始一个新的周期。

我们需要明白一点：房价既不可能无限制下跌，也不可能无止境上涨，而下跌和上涨之间的那个节点和政府的调节有很大关系。

对于房价，当看到二套房贷的认定标准放宽、二套房首付比例降低，甚至房贷利率也出现折扣的时候，往往就是房价拐点显现的时候。水木然认为中国的房价曲线应该是下图这个样子的。

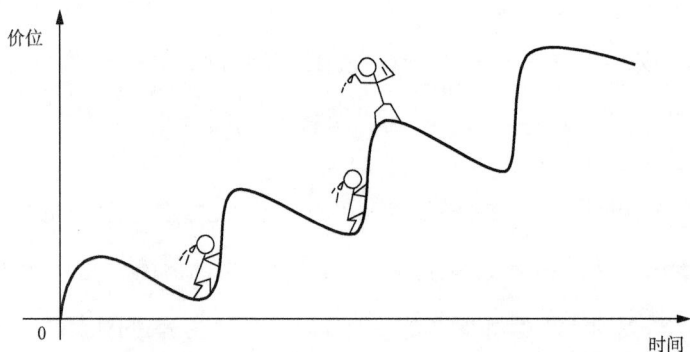

也就是说，虽然房价的涨幅类似正弦波曲线，但是中国房价整体应该像上图那样是迂回增长的，每涨一段时间都会下落一点，然后再大涨。

房市其实也是中国经济的缩影，看似非常复杂，其实就是一个政策市场而已。其他行业也符合这个变化逻辑。总之就是根据政策的调节找准市场"节点"，我们需要明白以下两点。

第一点，政策的出台往往是迟于市场的。就是说只有当市场反映出问题的时候，政策才会出台。

第二点，政策的调控往往是过犹不及的。就是说政府只要出手调节，往往出手都是比较重的，会把市场从一种局面迅速引向另外一种局面。

还是以房地产行业为例，当房地产过于萧条时，政府可以通过降息降准、减缓"推地"节奏、放宽限购，甚至通过减税、买房落户等各种优惠政策把楼市刺激上去。

当房地产过热时，就可以通过限购升级、增多土地供应量、提升学区房的含金量、提高利率等各种政策工具把楼市的流动性瞬间冻结，使房地产市场的流动性暂时趋缓。

四、众生之所求，正是你所舍

所有的投资要诀都是一样的，即当别人恐惧时你要贪婪，当别人贪婪时你要退缩。其实这和中国商圣范蠡的"旱则资舟，水则资车"的逆周期商业思想是一样的。在干旱的季节就要开始准备雨季所用的小舟；在水涝的季节就要开始准备旱季所用的车，用以抵御物质缺乏。说明我们做事要有预见性。

司马迁的《史记·货殖列传》中也提到：贱取如珠玉，贵出如粪土。意思是趁价格下跌时，要把货物像求取珠玉那样赶快收进来；趁价格上涨时，要把货物像倒掉粪土那样赶快卖出去。

在抽丝剥茧、洞察大众行为之后，要逆人性而动、逆大环境而动、逆大多数人而动，只有这样你才能成为那些获利的极少数人。

"华尔街教父"本杰明·格雷厄姆说过："投资中的最大敌人，很可能就是你自己。"因为投资就是与人性博弈的过程，最强的对手一定是你自己。一旦战胜了自己，便如同跳出三界外、不在五行中。宠辱不惊，看庭前花开花落；去留无意，望天上云卷云舒。

所谓"人取我予、人弃我取"，通俗一点说，就是别人想要的东西你就给予，别人不要的东西你拿来。众生之所求，正是你所舍。看起来是一种施舍和慈善，是无我，却也是世界上最高境界的投资，即大我。

最终，一切有形资产都是身外之物，你在这一过程中形成的思想、格局才是自己的。

第四章
超级个体时代

| Section |

分 久 必 合

天下大势合久必分，分久必合。这句话同样适用于商业领域。

要想预知未来，你一定要先读懂过去。

因为很多未来都可以在曾经的历史里找到答案，这就是世界的最微妙之处。

一、分久必合——供销社

最近很热的一个词是"新零售"。如果商业是一个江湖，那么"新零售"就是武林上备受追捧的"葵花宝典",各路英雄好汉都在寻求这个武林绝学,企图能一朝成为绝世高手。然后用它打通自己的"任督二脉",让自己的店面一夜之间遍布大街小巷。

其实,中国早就诞生过一个"超级连锁店"——供销社,它曾经承担了几亿人口生活用品的流通,是中国经济在那个时期的一大支撑。

1950年7月,中国刚一建国就成立了中华全国合作社联合总社,统一领导和管理全国的供销、消费、信用、生产、渔业和手工业合作社。

1954年7月,召开了中华全国合作社第一次代表大会,将中华全国合作社联合总社更名为中华全国供销合作总社,建立了全国统一的供销合作社系统。

从1949年新中国成立到1957年,供销合作社在全国得到迅速发展,形成了一个上下连接、纵横交错的全国性流通网络,不仅成为满足农民生产生活需要、组织农村商品流通的主渠道,而且成为联系城乡、工农,沟通政府与农民的桥梁和纽带,对恢复国民经济、稳定物价、保障供给、促进农业和农村经济发展发挥了重要作用。这一时期,是供销合作社发展的黄金时期。

1958年以后，供销合作社的发展经历了一个曲折的发展时期，与国营商业两次合并，后又两次分开。

1982年，在机构改革中，全国供销合作总社第三次与商业部（商务部前身）合并，但保留了全国供销合作总社的牌子，设立了中华全国供销合作总社理事会，保留了省以下供销合作社的独立组织系统。

从1982年到1988年，供销社先后进行了恢复"三性"（群众性、民主性、灵活性）、"五突破"（劳动制度、农民入股、经营范围、内部分配、价格管理）、"六个发展"（横向联合、农副产品加工等）三个阶段性改革。

此时的中国，建设重心依然在农村，而且刚从计划经济切换到市场经济，粮票、饭票逐渐退出历史舞台，民众的需求一下子被打开，供销社进入黄金时期，从中央到省、县、乡、镇各地都设立了供销社机构。这时的供销社完全承担起了解决中国几亿农民生活用品的来源问题，在全国经济发展中扮演了极为重要的角色。

供销社不仅仅服务于城乡、工农，实际上它是中国经济在那个阶段最重要的产物，符合中国现实和历史潮流，它的发展历史就是商业进化的逻辑。

二、合久必分——个体经济

改革开放以后，随着政府不断鼓励个体经济、私营经济的发展，很多人开始下海经商做买卖，商品经济的形式也开始多元化。

如农村的集市曾经发生这样的变化：最开始大家都喜欢去供销社买东西，后来街道两边的商店越来越多，摆摊的也越来越多，这些个体户售卖的部分产品价格有一定的优势，产品的形式也有了新颖之处，所以老百姓的购物形式也开始多元化。

我们现在熟悉的淘宝、京东、微商、代购、直销、分销等各种商品经济形式灵活多变，供销社模式与之相比显然太沉重了。由于它需要集中采购、集体经营，因此，供销社并没有随着中国商品经济的增长而成比例地扩大规模，甚至很多乡镇级的供销社已经倒闭或者承包给私人经营。

当然，产品形式和渠道形式的多元化促进了商品经济的繁荣。但是不得不承认，现在我们又开始面临了另外的问题。

产品虽然越来越多，但一方面产品的质量良莠不齐，假冒伪劣产品横行，鱼目混珠。比如刷单、假货是电商的顽疾；微商里也是各色骗局不断，同时很多分销和返利也被各种传销变相利用，总之各种商业乱象让我们眼花缭乱……

另一方面，产品生产端的无序化，导致盲目性生产，于是出现了产能过剩。

这就是商品经济的现状。究其本质是因为分散的私营经济不能使社会形成一个利益共同体，因为人和人之间是对立竞争关系，而不是分工协作的关系。不仅如此，还导致了日益扩大的贫富差距和人与人之间的互不信任。

所以，分散的个体经济、私营经济也是阶段性的，当生产力发展到一定程度，商品经济一定会从分散的私营经济走向联合的集体经济。

三、分久必合——合作组织

如果说未来的商品经济依然会走向联合，那么这种联合和之前的联合的区别又在哪里呢？

建国初期，我们的生产力水平还很低，很多个体都还没有解决自己的生存问题就联合了起来，然后由集体统筹一切，集体采购、集体派发，这时个体的特质就容易被埋没，个体的能力、特长也得不到发展，再加上创造的价值也无法精确计算到个人，所以积极性也没办法得到激励，集体的水平也会受到很大的限制。

所以，这个阶段的联合是机械式的联合，而真正的联合一定是建立在有一定的独立性、个体强大到一定程度之上的。当个体很容易在集体中找到自我、实现自我价值的时候，这种联合才有意义。

当生产力发展到一定程度时，比如有了互联网，我们就能跨越时空的限制，突破各种界限，连接实现精准高效的点对点对接，个体价值才能够得到体现，各种行业才能被进一步细分。比如，当我们有了一定的独立性，不用再为温饱担忧时，我们就会寻找精神需求，然后进行分工和协作，大家各尽其才、各取所需，这就是未来的联合。

传统的供销社模式有很多值得我们借鉴的地方。比如，民众自发入股，收益归全体股东（民众）；统一生产、采购、经营，把凌乱的商品秩序梳理系统化。如果把这种模式再升级一下，就可以发现，未来只有合作组织。

既然供销社源于农村，那么我们不妨以农村生态合作组织为例做一下展示。

未来一定有这样一个大合作组织，它可以通过互联网、物流等将城市的流量引入农村、将农村的稀有珍品送入城市。在农村的这一端，让农民以资源入股（土地和劳动力是最重要的生产资源）成立合作社，集体化种植；在城市的这一端，开设大量社区实体店，以预订、锁定的方式让市民成为会员、股东，这就是消费金融，到了一定程度就可以实现按需生产，规避了生产的盲目性和无序性。同时实体店的店长和优秀店员也可以成为实体店乃至合作社的股东，这就是一个集体经济组织，惠及每一方的参与人员，让农民的产品卖上好价钱，让市民吃到好食材，同时也让店长和店员有一份可为之奋斗终生的事业，这就是未来的农业生态合作组织。

这个思路同样适用于其他行业，比如快消品，在消费一端以众筹、入股的形式开设实体店，当然店长和优秀店员也应该占有股份，然后全体股东都可以享受到该店的收益。消费者入股也可锁定一部分消费者，有了预订的订单，然后再交给生产端去生产，当然这里也包括个性化、定制化的产品，但是随着生产水平的提高一定都会一一满足。在生产端，也要让部分具有匠心的工程师、有一定能力的设计师、管理者成为股东（未来的工厂都会采用智能化生产，不再有普通工人，只有设计者和管理人员），这就是未来的快消品生态合作组织。

再比如，在电子商业行业，随着与线下实体店的无限融合，未来线上应该以消费众筹、订单为主要目的，而线下实体店应该以产品体验、场景式体验为核心，双方一起努力为生产端提供消费数据，并占股控制生产端，在生产环节享有话语权和决策权，从而倒逼生产端的升级，这样就形成了一个从生产到消费、从线上到线下的生态合作组织。

　　未来的商品经济将在互联网的推动下，一切以消费需求为出发点，通过场景体验式的服务、消费入股的合作形式，将消费者联合起来，不断挖掘消费者的需求，将这些需求（包括个性化、定制化）用大数据的形式传输给生产端，再通过劳动力、产品、设计、资金等资源入股的形式将生产者联合起来；同时所有的经营者也将纳入其中，每一个参与的环节都能获得收益，由此形成一种生生不息的商业生态系统，这就是未来的合作组织。

四、黄金股——九九归一

　　以前我们愿意去供销社买东西是因为它有国家信用作背书，它是集体采购，是没有假货的。而现在的我们不太相信网购，因为它没有信用作背书，而且现实情况是假货太多，这也是私营经济的一大弊端。

　　如何能让商品经济不放任发展，又有一定的活力呢？

　　英国的"黄金股"政策非常值得我们研究。

在20世纪70年代末80年代初，英国政府在推行私有化道路时，考虑到国有企业股份制改造后，政府可能再无权对企业进行干预和控制，而有的国企关系到国计民生、国家安全，如果完全失控，就有可能产生不利影响，于是开创了"黄金股"政策。

黄金股不代表任何财产权利，既没有股票收益权，也不能用来担保或抵押。但是它却享有公司重大经营决策中的"一票否决权"。比如，公司的管理层对公司实施某项大规模并购方案需要经过"黄金股"持有者的最终同意，否则将不能通过。

这里最为典型的案例是英国电信。英国电信属于公用事业性质的企业，垄断了英国电信市场的99% 以上，对这种企业政府当然需要控制，以防止其损害公众利益。于是英国政府对英国电信采取了"黄金股"政策，如果英国电信损害公众利益，例如装机费和通话费应该下调而不下调时，或是企业不能随着技术进步降低通话费用等危害公众利益时，作为英国电信的董事会可以做出决定强制下调价格。当然，在正常情况下，英国电信完全可以按照股份制企业经营，"黄金股"不会参与干预，这就保证了企业的活力和收益。

利用这个政策，1984年英国工业部公开出售英国电信公司股权，英国电信通过上市实现了国有资产私有化，成为全球首创并取得巨大成功。受此影响，欧洲各国纷纷响应，法国、意大利、西班牙、波兰、葡萄牙等国家也都在国有企业产权改革过程中广泛推行"黄金股"政策。亚洲的韩国和中国台湾地区也在试行"黄金股"政策的过程中取得了不错的反响。

这种模式再加上PPP（Public-Private-Partnership，公共私营合作制）共建模式，政府就会从主导者变为监管者。

综上所述，这必然是一场深度的变革，整个社会正在从金字塔式的结构变成越来越扁平的合作组织，而且是各种无边界的组织；原来的各种雇佣关系、从属关系将会重新整合。投机者将很难再有空间。未来的商业逻辑是：你要想有存在的价值，必须先能创造价值。人与人之间会以价值为纽带构建新的合作关系，在这场社会化大协作中，每一个人都有了主导自己命运的机会。

第二节

~~~~~~~~~~~~~~~~ | Section | ~~~~~~~~~~~~~~~~

雇佣制彻底瓦解

1937年，诺贝尔经济学奖获得者罗纳德·科斯提出这样一个问题：为什么必须有公司？为什么不让个人自己进行价值交换，非得要有等级制、讲纪律的组织？科斯自己给出了答案，这是因为大家需要通过反复的商议甚至讨价还价才能达成行动的协议，然后才能去办理一件事情。这就意味着较大的沟通成本，因此市场上的交易行为是有成本的，这些成本包括讨价还价、订立和执行合同的费用以及时间等，这样就不如建立某个组织，由领导者制定纪律，由下层执行。

科斯认为，当市场的交易成本高于企业内部的管理协调成本时，企业便产生了。企业的存在正是为了节约市场交易成本，即用成本较低的企业内交易代替费用较高的市场交易。

延续科斯的这种逻辑，现在问题来了：随着社会从工业时代步入信息时代，分工越来越细致、协作更加灵活、内容也开始数据化，我们的市场交易成本开始越来越低。而与此同时，由于个体之间的独立性越来越强，企业内部的管理协调成本却越来越高。

当这种管理成本超过市场交易成本时，公司这种组织形式也就没有存在的必要了。

这不是危言耸听！

现在企业面临的最大问题是员工之间总是推卸、推诿，那种主动、有担当、把工作当成自己的事业的人越来越少。而同时那些思维活跃的人都纷纷离职了，他们或创业、或独立、或加入其他商业伙伴。企业很难再招到优秀的人才。这已经是一场传统企业的集体焦虑症，不是某一家企业的个案，很多老板感到越来越焦虑。

雇佣制之所以诞生在工业时代，是因为那个时代需要一刀切的生产模式，它要求每个人机械性地完成自己的工作，无论国企、私企还是世界知名企业，都曾经历这样一个过程。

　　1928年，松下公司提出了"终身雇佣制"。其创业者、被尊为经营之神的松下幸之助允诺："松下员工在达到预定的退休年龄之前，不用担心失业。企业也绝对不会解雇任何一个'松下人'。"这样一来，企业可以确保拥有优秀的员工，员工也可以得到固定的保障。松下开创的经营模式曾被无数企业仿效，这一终身雇佣制度也为"二战"以后的日本经济腾飞做出了巨大贡献。

互联网带来的新型商业模式给无数人才提供了成功的机会，这加剧了传统企业被颠覆的进程，这种颠覆与被颠覆近乎形成恶性循环，过去的员工找到了行业的痛点，出走去创业，颠覆原来从事的行业。而雇佣制固化了公司的管理机制，束缚了人才的发展，更成为了这个恶性循环的加速器。

其实人类自古以来面临的问题一直没有变，那就是全人类的解放。这个宏观问题映射到企业身上就是企业的解体和员工的崛起。

全球进入信息化时代后，传统公司制度的弊端凸显。因为采用自上而下的金字塔式结构，一旦高层出现一个不当的指令，即使有董事会，也有可能陷入万劫不复的境地，更不用说那些错误的决策了。诺基亚、HTC、三星等都曾发生过类似的问题。

而解决传统公司问题的出路就在于部门或员工的自治，分权到底层。以具体某一个需要解决的问题为切入点，将与这个问题有关的人都聚集起来，大家一起探讨，形成对这件事的决策圈，选出一个本圈中的圈长，而他只有一个权利，那就是拉人和换人，将需要的人拉进来，将无关的人换掉。在这个圈子里，又可以设立子圈，一层套一层，快速反应，有效推进。事情解决完了，圈子撤销，最重要的是在分配工作，而非分配人。

再比如，一场电影的拍摄、一次医生的会诊、专案组破案等，都是先有具体的项目再寻找适合合作的人选，大家分头而来，各司其职，各尽其才，项目结束即自行解散。如今类似的协作机制不断地被完善、不断地推陈出新。

随着生产力的提升、互联网的发展，终身雇佣制的弊端越来越显现。在这种雇佣关系中，人性和主动性被压抑，得不到释放。

终身雇佣制完全背离了现代人的就业观念，现代人的思想逐渐开放、开明，大家崇尚自由生活方式，那些很有才华、很富开拓意识的年轻人如果被终身雇佣制牵制，则他们宁愿选择离开。

环境在变迁，人的追求也在升级，这使得终身雇佣制一步一步地走向衰落。生产力的发展呼唤新的生产关系的到来。

2001年，日本的终身雇佣制受到了冲击，松下、富士通、NEC、索尼等各家电子公司相继宣布裁员计划。日本劳动省的一项调查表明，在接受调查的591家企业中，只有9.5%的企业表示坚持"终身雇佣制"，而38.3%的企业则表示"终身雇佣制"已经不再需要。

为什么传统公司的内部管理成本越来越高？因为组织结构一旦确立，自身就会成为最核心的部分，组织和权力开始互相依托，形成壁垒，办公室政治和官僚主义必然会蔓延，企业的管理就像棒打苍蝇，越打越乱、越打越累。

在传统雇佣制的机制下，很多员工的工作状态更多地呈现为"听指令"，做的是"被安排的"事情，不主动思考与担当，任何的决策都要等待和请示，害怕承担责任。即使公司的激励机制健全、充分授权，但依旧不能根除这种现象，更有甚者会出现滥用权限、私自做一些游走在公司制度和法规边缘的业务，追求个人的利益，置公司风险于不顾。

即便很多企业已经开始改良雇佣制，比如努力实行绩效工资、奖金制度、责任到人等，但这解决的也仅仅是激励问题，并不能解决风险与责任共担的问题。因为在雇佣制的管理机制之下，员工总会有一种给人打工的潜意识，公司总是寄希望于员工个人的职业道德、综合素质或高薪+文化的方法，显然这充满了浪漫色彩和理想主义。因为对于雇佣者来说，大都希望用最少的付出，收获更多的待遇；而对于雇主来说，则更希望用最少的支出，获得最高的效益利润，这两者始终是对立的。

而唯一的解决办法就是彻底推倒雇佣制这种劳资关系，从雇佣与被雇佣的劳资关系转变为共同协作的合伙关系。

日本的稻盛和夫发明了一种"阿米巴"的经营方式，在企业里将员工按生产线或工序分成不同的小组，每个小组独立经营，小组成员的收入和经营的业绩直接挂钩。让员工自己当老板，杜绝"打工心态"。

未来雇佣者与雇主的关系更像是一种任期制，比如双方可约定一个任期，短则数小时，长则数年，雇佣者在该任期内为雇主完成一个大项目或者数个小项目，在为公司创造价值的同时，也实现自己的个人价值。

而同时，雇主也不再把雇佣者当成"雇员"，而视作"合伙人"或"合作伙伴"。其区别在于，后者能够获得公司股权、期权或者薪资以外和公司效益息息相关的额外激励，通俗点讲，大家都是老板或股东，只有分工不同而没有依附关系。

移动互联网的诞生和发展，大大提升了每一个个体的觉悟，重构了整个社会的劳资关系，这更像是一次生产的革命，它让世界越来越扁平、细分，进入社会化大协作时代，未来社会随时都会发生各种群体效应，交互、协作、共享，大家招之则来、来则能战、战则能胜，分解一个个新型任务。

所以，花点时间找合伙人吧，合伙人制正在全面取代雇佣制。

第三节

~~~~~~~~~~~~~~~~~~~~~~ ▎Section▎ ~~~~~~~~~~~~~~~~~~~~~~

如何找到合伙人

对于所有的创业者来说，一个好的想法远远没有一个好的合伙人重要，凡是过来人都能深切体会到这一点。

但现在的关键问题是，在如今的社会里，寻找一个好的合伙人非常非常难！

在西方，资本归资本，贪婪归贪婪，侵占归侵占，但规则仍是规则。他们遵从契约精神，利用承诺、合同将人的贪婪、懒惰加以控制，同时保证交易得以顺畅、安全、健康地进行。契约面前人人平等，没有陌生人和熟人之分，避开了很多"人性"上的干扰，保证社会效益最大化运转。

而在我们的传统社会里，大家崇尚的是"高明"，而不是"守信"。"三个和尚没水喝"的故事一直流传至今，在利益面前，所有的承诺和初衷都会变得一文不值。

在"不信任"的大环境之下，即使你做到位了，别人依然很难相信你。所以我们干脆将错就错，"隐瞒"成了潜规则。无论是人与人组成的生物链，还是企业与企业组成的产业链，上游欺骗下游，下游欺骗下下游，负能量一直循环下去。大家都心知肚明，只能彼此提防。这也导致我们的社会充斥着浮躁、焦虑、互不信任。

现在的社会人人自危，彼此防范和内耗，我们也都在为此付出代价，比如我们搭建团队的速度总是跟不上创新的速度。放眼四周，究竟有多少创业者在为找不到靠谱的合伙人而苦恼？

那么我们究竟该如何寻找合伙人？

如今各种各样的孵化器、创业园、众创空间、路演平台、创业大赛在各地兴起，这让很多毫不相干的人走到了一起，很多人一见如故，一夜之间就发展成了合伙人。这就是现在合伙人的现状，但真正合适的能有几个？

　　一个真正的合伙人，他一定和你具有共同的价值观与道德理念，能与你共同担当，默契配合，同甘苦，共患难，宛如惺惺相惜的伴侣。

　　古人曰："士为知己者死"，今者言："士为同船者死"。时代不同了，能够拴住人心的东西不一样了，古时抓住一个人的心靠感情共鸣，如今抓住一个人的心靠利益相关。但是本质是一样的，每个人都有与生俱来的伙伴需求。

　　该不该和朋友一起做生意呢？

　　大家之所以能成为朋友，是因为聊得来、趣味相投，相处时不会计较个人得失。友情承载的只是休闲和沟通的功能，所以充满了浪漫气息，不掺杂任何的功利。

　　合伙就是合在一起谋求利益，这里面承载了更加沉重的现实问题，大家需要各自投入资金，以获取利益作为回报，这些都是很现实的问题，大家需要遵循的只是契约精神，需要没有任何感情的羁绊。

　　所以，找合伙人并不是要找情趣相投或者青梅竹马的伴侣，而是一定要找优势互补的合作者。未来是长板原理的时代，你的长处决定着你的层次，当你把某个方面做到极致的时候，自然就会有人来与你配合，一旦能形成优势互补之态，就意味着能发挥出1+1远远大于2的综合效应。

问世间情为何物，直教人生死相许。这句话在此可以借用为：问世间创业为何物，直教人生死相依。

找合伙人如同寻找人生伴侣，有一个共同的原则，那就是彼此欣赏，相敬如宾。彼此独立、和而不同才是人与人之间相处的最高境界。

不要找与你不是一个社会层级的人作为合伙人，这和不要盲目攀附权贵是一个道理，因为共同奋斗真正的意义在于两个人一起改变现实，同心同德、生死与共，这样的组合才更有意义。亲兄弟，明算账，大家彼此要有明确的原则和底线，知道彼此能承受的止损界限在哪里。

此外，在创业者创业初期，千万不要高薪聘请那些所谓的"重要"人物作为合伙人，这就好比千万不要为了和一个美女喝杯咖啡，就搭上自己一个月的收入一样。因为你要找的是那个愿意与你一起冒险打拼的人，而不是靠一时的冲动。

其实道理很简单，创业合伙人意味着一个愿意与你一起冒险的人；而爱情伴侣意味着一个愿意与你一起面对生活中各种问题的人，你们同甘共苦。只是有时候我们让爱情承载了太多，又要理想、又要物质还要家庭，与其把鸡蛋放在一个大篮子里，不如把鸡蛋多放几个篮子吧。

　　无论你找到了一个多好的"合伙人"或者人生伴侣，那都不是最重要的。因为我们人生真正要找的那个人，其实是自己。

第四节
~~~~~~~~~~~~~~~~~ | Section | ~~~~~~~~~~~~~~~~~

效 率 革 命

任何一场科技革命都可分为两个阶段，前一个阶段是技术革命，
后一个阶段是应用革命。

互联网也是如此，上一个30年，世界诞生的很多互联网企业都是
以技术攻坚为主，比如Facebook、谷歌、腾讯、百度、阿里巴巴，
等等，然后以信息分享体现其价值。

而下一个30年，将诞生一大批垂直的应用型软件或平台，它们能
够更好地分配世界物质资源，要把物品用在最需要它的位置，或者分

配给最需要它的人。解决产能过剩，这也是一场效率革命。

一切优势最终都是效率优势。微信的小程序恰恰符合了这种需求，未来一定会诞生无数个像"滴滴"这样的"小程序"来满足我们的各种生活所需，如打车、点餐、上门服务、订酒店、订票，等等，能够优化和配置社会资源，小程序的诞生必将引发一系列的连锁反应，并将促使"效率革命"时代的彻底到来。

工业时代的核心任务是发展最新的技术，互联网时代的核心任务是提高效率。

对于个人来说，提高效率最简单而有效的办法，就是把你所有的精力都用在最重要的决策上。

这个时代对人们最大的考验就是选择。面对纷繁复杂的大千世界，它让我们迷失了自己，摆在我们面前的是一个充满各种选择的世界。例如，打开手机，各种各样的外卖套餐、酒店、交通方式等供我们选择。互联网将一切都呈现在我们面前，每天都有各种决策等着我们去处理。当你每天要做很多决定的时候，你所做的每一个决定的准确度就会被削弱，因此不如把你有限的精力分配在最重要的决定上。

如果你每天还在为吃什么或者穿什么而烦心，那说明你的层次还处在一个解决衣、食、住、行的层面。层次越高的人，越需要做出高层次的选择。

提升自己层次的方法很简单，你只需要关注更高层次的选择即可。比如，原来你只是公司人力资源部门的职员（HR），负责招人和面试，现在你可以尝试着给公司的每一个员工做合理的定位和规划，等你可以做到这一点的时候，就可以尝试成为人力总监了；再下一步你可以考虑如何将大家的合力发挥得更好，那么公司副总的位置就在向你招手了……

世界越纷杂，我们越需要冷静。每一个阶段只要做好一件事就够了。

大事要清醒，也就是在最重要的决策上绝不可以出错，一定要快、狠、准。

小事要糊涂，在很多纷杂的小事上切不可斤斤计较，否则你的人生会很累。

而现在很多人恰恰相反，在大事上犯糊涂，在小事上斤斤计较……到头来落得个贻误战机，与机会失之交臂。

总之，活明白的人，会越活越简单。

第五节

公司"消失"

　　为什么我们经常听说"公司"倒闭，而没有听说过"人"倒闭？这是因为公司是传统社会的基本组成单位，一切反应只传导到"公司"这个基本单元。自从工业革命以来，整个人类的需求被整齐划一，在某个阶段全世界都需要某种产品，而且产品也是标准化的。这时资本获利的最好方式就是实施"海量、单品"的发展战略，即把很多人团结起来生产某一种产品即可，比如石油、武器、日用品等，这就是公司的形成逻辑。

　　这个时候公司为了提高生产效率，需要在目标和行为上最大化一致，这就要去除"人"的差异化，把"人"机器化，变成千人一面。由上层的少数人发布命令，让下层的大多数人去执行，这就形成了自上而下的"金字塔式"结构，并影响到社会其他团队和组织的结构，甚至整个社会就是一个大的金字塔。

公司这时（或其他组织）成了传统社会和商业的基本组成单位。公司的效率决定它存在的价值，效率低下的公司被淘汰，而人只是公司的一分子，如果所在的公司倒闭了，可以换另外一家公司工作。所以，人永远都是有饭吃的。

但是在互联网时代，我们惊讶地发现，公司不再是社会的基本组成单位了，大量个体被解放，个人成了社会的基本组成单位。

大工业时代，个人的爱好和需求无法被精准对接，只能被归类和整齐划一，但是互联网却可以精确、高效地激发个体需求并对接个体的特长，以各尽其才、各取所需为驱动力，努力实现"多个服务个体"对接"多种个性化需求"，让每位个体都能实现自我价值，把"面对面"变成了"点对点"，这就是互联网变革的基本原理。

大量的设计师、咨询师、司机、律师、会计、保姆等，都开始脱离企业去发展，或者处于半脱离的状态。过去受限于市场规模不能成立的特色小生意，现在可以利用互联网找到客户；过去受限于信息障碍不能满足的个性化需求，也可以利用互联网找到生产者。

毫无疑问，随着大数据、云计算、定制化水平越来越高，这种趋势的演绎也会越来越快。这时我们可以发现，很多"传统公司"已经没有存在价值了，它们办事流程又长又慢，每个人都要花费相当多的精力去配合其他部门的工作，导致效率和价值被互相抵消，沦为了"低效率"的代名词。况且，很多传统公司在很多时候是依靠资源、关系、模仿起家的，而这也是很多公司倒闭的真正原因。

个体崛起，组织下沉，是当下最具影响力的大变革，它不仅会让很多公司"消失"，而且将深刻改变整个社会的组织架构。

这是一种"无组织的组织"，大量个体在各种平台上生产协作，这种平台看似"有组织、无纪律"，但是个体的某一个想法或行动，都将影响着若干组织的运行，这就是聚变效应与裂变效应，释放的能量是巨大的。

因此，社会从金字塔形状变成了网状，与之相伴相随的是"人"的升级。

一度空间：我不需要知道自己是谁，我只要按照命令去做事即可。

二度空间：我是谁并不重要，重要的是我能发挥多大作用。

三度空间：我究竟是谁？我能为世界创造什么？

伴随着这种维度与空间的升级，人的主动性、独立性会越来越强，可施展的空间也会越来越大。

这也代表了我们这一代人的特殊性，我们可以在短短几十年的光阴里经历"人"的三个时代特征，并且有幸已经进入三度空间，开始深度思考上至对天地万物的迷茫，下至对自我存在的反思。

人的创造性，只有在这个阶段才能充分发挥出来。

在未来的组织结构里，依然会有环节，环节里依然会有个人，但是这些人都是平行且独立的，这就是一套没有秩序的秩序。而且一定是专业的人位于专业的环节去做专业的事情。这就是社会的组织变革，就好像未来的战争一样，所有部门均能各自为战、化整为零，既要求单兵要有高效的作战能力，又要求组织高效的协同能力。

在未来，越稀缺、越有特长的人或企业越有价值，无可取代即等同于无限价值。

中国经济的上一波红利是"人口红利"，它是按人头计算的。下一波红利将是"人心红利"，将每个人内心深处的热爱和兴趣激发出来。很多小众兴趣、小众价值观、小众梦想都能被成全，这叫百花齐放、百家争鸣，这才是社会大繁荣的基础。

其实，当下的社会进程，就是人们在找回自己并各归其位的过程。这是中国经济的出路，也是企业的出路，更是我们每个人的出路。

所以，人的同质化也成了社会进步的最大障碍。比产品同质化更可怕的是人的同质化。按照变革的逻辑和进展，社会将迎来一轮"人"的淘汰潮。

未来你是谁，要比你做的事更重要。

社会发展先后经历了以下几个阶段。

● 快鱼吃慢鱼。

● 大鱼吃小鱼。

● 大鱼变慢鱼。

● 小鱼吃大鱼。

所谓快鱼吃慢鱼，是指最先抓住先机的人会淘汰掉慢知慢觉的人，这些人很多已拥有了自己的公司、工厂。

所谓大鱼吃小鱼，是指这些先行者成功后，开始垄断掌控行业资源，让后来滋生的小公司越来越难做。

所谓大鱼变慢鱼，是指当这些公司走向稳固之后，船大难掉头，创新速度越来越慢，像互联网这样的工具无法真正应用到位。

所谓小鱼吃大鱼，是指当互联网成熟之后，使那些游离的小企业、个体能够找到自己的精准目标，它们分头行动，就如同蚂蚁雄兵，将本该属于"大鱼"的市场慢慢蚕食掉。这就是当下正在发生的事情。

社会发展得太快了，去年还是"个体崛起"时代，今年已经是"超级个体"时代了。

零工经济迅速发展，自由职业者大量诞生，比如设计师离开了广告公司去独立接单设计；编辑离开了传统媒体去做自媒体；司机离开了出租车公司加入"滴滴出行"；会计离开了会计事务所；律师离开了律师事务所；咨询师离开了商务咨询公司等，这些个体都开始脱离企业去寻求个人发展，或者很多已经处于半脱离的状态。

过去受限于团队合作才能完成的服务，现在可以轻而易举地找到合伙人一起来完成；过去受限于市场规模不能成立的特色小生意，现在可以利用互联网找到精准客户；过去受限于信息障碍不能满足的个性化需求，也能利用互联网找到生产者……

这就是互联网变革的基本逻辑，它可以精确、高效地将社会每一种精准的需求对接到相应的服务者。于是工业时代那种将人们的需求"整体切割"再去"分类满足"的方式被摒弃了，由此实现了"多个服务个体"分头对接"多种个性化需求"，"面对面"的连接变成"点对点"的连接。

也就是说，社会上无数的"供应商"和无数个"消费者"完成自我对接。打一个比方来说，如果社会是一个人体，之前的供血是依靠各大动脉和静脉，而现在则有了更多、更丰富的毛细血管，人体的供氧能力大大地增强了。而且现在很多平台都在专注于个体化的生产方去寻找"需求方"，其实就是让一个人找到与之相对应的人，比如"同聚网"。

这就是社会的进步，但这将会让一部分人非常痛苦，那就是传统公司的管理者。因为这些传统企业正在被越来越多的个体所蚕食。

很多传统企业的模式就是以劳动合同为约束，把人们限制在固定的地点、固定的时间，做着固定的工作，目的是为了最大限度地让员工给公司创造价值。但这种模式的落后性在于这并没有从根本上发挥每一个人的创造性，虽然也有相应的奖励机制，但这始终只属于一个低层次的提升，完全无法与互联网带来的高层次变革相提并论。

那么，未来这些企业该怎么办呢？面对趋势，我们唯一能做的就是去顺应潮流而不是强行阻碍。我们必须做好充分的准备，去迎接

"超级个体"时代的到来。

首先，我们必须要明白，未来越有能力、越有特长的人才，就越不需要依附于某个公司，他们可以通过利用互联网获得的巨大影响力和资源而迅速崛起，成为"超级个体"。只有那些资质平平的泛泛之辈，或者始终找不到定位的人，才仍然需要依附于组织的安排，接受指令，按部就班地工作。

其次，我们要注意到这样一种现象，那就是现在所有的成功企业都有一个共同的特征，它们会依靠成全"超级个体"来成全自己。如果淘宝上没有千千万万个小卖家，阿里巴巴的市值也不会那么高；如果微信上没有千千万万个自媒体，腾讯的市值也不会那么高；如果美团上没有那么多商家和送餐员，如果滴滴出行上没有那么多的司机，如果智联上没有那么多人才……

大家不难看出，那些传统公司将会消失，唯有平台型企业才能永生。以此为基础，一切经营理论和管理经验都需要推倒重建。

未来"人"的主动性、独立性越来越强，可施展的空间也越来越大。社会正在实现按需定制、按兴趣组队、按人群服务、小批量制作、不断迭代。

第六节

——— | Section | ———

感 性 时 代

曾有新闻报道称："富士康生产线已部署4万台机器人，稳步推进'百万机器人'计划"。那时我们开始担心机器人的普及是否会让东莞等地的蓝领劳动者大量失业。

而现在，我们又不得不担心另外一个问题，那就是人工智能正在使社会的白领大量失业。2000年，高盛位于纽约的股票现金交易部门有600个交易员，而如今，只剩下为数不多的交易员，剩余的工作全部由机器包办。

彭博社报道称，摩根大通开发了一款金融合同解析软件COIN。原先律师和贷款人员每年需要花36万小时才能完成的工作，COIN只需几秒就能完成，而且错误率大大降低。

一群来自哈佛、麻省的数学博士以及硅谷极客，创立了大数据智能分析处理引擎Kensho，你可以向这个引擎进行提问，比如"iPhone6发布后哪些股票会涨"，它就会在几秒之内给出精确的答案，而且准确率非常高，这引发了华尔街的巨震。这个引擎太具有杀伤力了，因为有了它的存在，意味着70%以上的股票分析师将会失业。

未来高收入的华尔街交易员将被无情地抛弃，就像即将倒闭的工厂里的工人一样。人工智能对从事金融行业的人们将带来毁灭性打击。

还有个例子，在美国请律师打官司很贵，尤其是专利官司。原因有二，一是打一场官司基本上要读上百万份的法律文件；二是美国的专利官司对公司的追究是非常狠的，因此双方都不愿意输掉官司。比如苹果和三星的官司已经花费数亿美元。但有个小公司，只花了一万多美元，购买了一个自然语言系统读取了200多万份法律文件，最后花10万美元打赢了一场官司。

这就是未来的律师。

也就是说，在未来会计、律师、股票交易员等工作岗位都会被机器人取代。

人类经过数千年才修炼而成的功力，就这样被机器人打败了。的确，这就是2017年世界的第一只黑天鹅。

我们举目四望，前方顿时一片茫然……

从现在开始，人类和机器必须分道扬镳，人类负责思考和人文，机器人负责运算和执行。人类需要把理性和逻辑的事情交给机器人，把自己的情操发挥得越来越高尚。

如果人类依然还是按照机器人的性质去发展，到最后就会形成"人"和"机器人"的竞争。很显然，如果与机器人比逻辑和运算，人类很快就会败下阵来。未来，人和机器人必然是世上两种性质不同但能力相当的"物种"。这两种物种要想并存，就要有差异化。

工业时代，人的理性被充分激发，那些逻辑思维能力强的人，总是能成为一个公司里重要的人才，而人的感性被不自觉地收藏起来。而在未来，在与机器人高智商的对比下，人类"情商"的珍贵性开始凸显。情商很大程度上体现在"洞察力"方面。洞察力是上帝赐给人类的一大法宝。人能从外界提取各种信息，然后依靠自己的逻辑思维，随时得出各种结论，从而作为自己行为的依据。这就是我们所谓的明察秋毫、察言观色。

机器人超越人类是在智商层面，而人的理解力、情感、同情心、共鸣性等软实力，是机器人无法取代的。我们需要激发大脑的这些潜能，才能继续做地球的统领者。

再来看一组数据：根据美国《外交政策》杂志公布的数据，共有125人登上了"全球百大思想者"名单，其中有63名女性和62名男性，女性入选者人数有史以来第一次超过了男性。

为什么现在女性领导者越来越多？这是因为女性的直觉性思维很发达，她们往往不是靠逻辑推理，而是靠一种直觉、感性就可以得出结论。未来社会的创新和进步将会越来越多地来自于人的感性思考，而不仅仅来自于一行行的代码。这种感性的创新会更加柔软并富有灵性，也只有这种创新才能使机器和设备依附于人类。

从职场上来讲，未来的软实力比硬技能更为重要。

你拥有下面几种关键能力吗？

具有神创性

光是能提供堪用的产品、服务、体验或生活形态已经不够了，还必须能创作出好看、独特或令人感动的东西。

会讲故事

现代人面对过量信息，一味据理力争是不够的，总有人会找到相反的例证来反驳你的说法。想要说服别人、灌输信息，甚至说服自己，就必须具备编织故事的能力。

整合能力

工业时代和信息时代需要专业和专才，但很多工作或被外包出去，或被软件取代，更需要化零为整的整合能力。今日社会最需要的不是分析能力而是综合能力——综观大趋势、跨越藩篱、结合独立元素造就新好产品的能力。

高情商

逻辑思考是人类的专属能力之一，但是在一个信息爆炸、分析工具日新月异的世界里，光靠逻辑是不行的，想要在未来继续生存，就必须了解他人的喜好、需求，建立关系，并展现同理心。

愉悦的心态

太多证据显示保持愉悦心情和幽默感，对健康与工作都有极大的好处。在感性时代，无论工作还是居家，都应该时时拥有一颗轻松自在的心，不管外在的世界如何变化，自己都能有一片清静的天地。

我们必须在优秀的高科技能力之外，培养符合高感性和高体会的工作能力。说得通俗一点，未来情商高的人将碾压智商高的人。

发挥一下想象力，把过去的150年的发展历史以一出三幕剧的形式展示一下。

第一幕：19世纪的工业时代，主角是工厂工人。

第二幕：20世纪的资讯时代，主角是知识工作者。

第三幕：就是现在，可称为感性时代，主角是创作者。

这个世界将属于具有高感性能力的另一族群——有创造力、具同理心、能观察趋势以及为事物赋予意义的人。我们正在从一个讲求逻辑与计算效率的信息时代，转化为一个重视创新、同理心与整合力的感性时代。

物质财富已经不再是人类的终极目标。从物质世界获取满足的时代已经过去，未来我们必须在精神世界寻找满足。

正所谓"大音希声，大象无形"。未来会有越来越多的人挣脱营生桎梏，去追求更深层次的生命寄托。

第七节

| Section |

机器人时代

对于世界上的每一个人来说，我们越来越需要意识到，科技、经济、互联网发展到现在，再加上机器人的发展，人类即将开始"异化"。

站在历史潮头回望，人类有史以来已经完成了三大革命。

● 农业革命：从大约1万年前开始，先后经历了石器时代—青铜时代—铁器时代。

● 科技革命：从1776年开始，先后经历了蒸汽时代—电气时代—微观与宏观时代（小到原子能、生物技术，大到航空航天、登月）。

- 信息革命：从1946年计算机诞生开始，先后经历了计算机互联网—移动互联网两大时代。

到了当下，现在最热门的莫过于"人工智能"了。各种各样的机器人被发明出来，正在积极地取代工厂里的蓝领和写字楼里的白领。

除此之后，3D打印、大数据、物联网、云计算等正在帮助机器人实现定制化。究其本质是机器人被赋予了智慧，越来越具备独立思考的能力。

大家有没有思考过这个问题，当机器人有一天在地球上行使人类的权力时，我们人类该去做什么？

人类只剩下一条出路，那就是去行使上帝的权力。

也就是说，人类在把自己的智慧赋予机器人的同时，也应该把自己的七情六欲赋予机器人。

其实，人类只要设定一种程序，让机器人拥有烦恼、普世价值及客观规律，然后让所有的机器人都在这种程序下运作即可。这就如同上帝创造人类的同时，也给人类套上了无形的枷锁一样，谁都无法挣脱造物主给予的命运。

这个时候，人类也就再造了一种新的"生灵"，人类变成了"上帝"。到时我们只需躲在"机器"的后面，静静地观察着这一切。这叫"机器一思考，人类就发笑"。

大家看懂了吗？人类正在和机器分道扬镳、分工协作。

所以，当下正在发生的"人工智能"只是属于机器人的革命。而我们人类，需要异化。

再说的大胆一点，人类的出路就是变成"神"。当然，这只是一种形象的比喻。但是有一点没有错，那就是人类到了需要超越自己的时候了。我们每一个人，都需要完成一个华丽的转身。

但是谁能够帮助我们呢？是外求还是内求？

自从进入科技革命以来，人类一直处在外求阶段，我们登月、发现行星、寻找星系，但是除了发现世界外面还是世界外，我们一无所获。

而那个躲在我们背后的上帝更不会帮助我们。

所以，只有内求。所谓内求就是人类要依靠自身获取巨大的能量。

先来看看现实社会，一方面由于"互联网+"带来的商业重组，大量个体从公司、组织里解脱出来，成为自由人；另一方面共享经济、虚拟现实技术都在最大限度地激发我们的个体力量。

这个时代之所以伟大，就在于它让我们开始寻找自我，个体在觉醒。

先来回顾一下科学的发展史：先是牛顿创立了经典力学，发现了万有引力；后来爱因斯坦又创立了相对论，发现时空可以转换；现在引力波和量子力学又让我们发现这个世界上似乎有一股无形的力量。

人类正在不断加深对这个世界的认知，我们也在一步步接近真理，但是在真理到来之前，都会让人觉得匪夷所思。

坚持日心说的哥白尼说："我清楚地知道，一旦他们弄清楚我在论证天体运行的时候认为地球是运动的，我必须为此受到宗教裁判……"

而在如今这个开明的时代，我们更应该追求一种大胆的探索精神。

第八节

| Section |

能 量 革 命

首先，我们要跳开万物看万物。

以往，我们总是只相信自己眼睛看到的东西，只愿意相信现实的物质世界，但是看看我们现在的"虚拟现实"技术吧，虚拟现实技术（VR）可以把你带到任何一个世界里，增强现实技术（AR）可以把任何一件物品送到你眼前。一切东西都能够通过虚拟信息（物体、图片、视频、声音等）变为现实，我们的视觉、听觉、嗅觉、触觉、味觉都能被随时满足。未来，现实的边界会被完全打开，千里以外的朋友可以当即站在你眼前，你们甚至可以对话、拥抱，可以瞬时置身于某个世界中。

这说明物质并不是客观现实的尺度。

其次，世界上的一切物质都可以用能量去换算，$E=MC^2$，爱因斯坦质能方程揭示了物质质量（M）与能量（E）的关系。既然这样，我们就可以把一切物质当成能量去看待。

既然万物都是带有能量的，按照能量守恒定律，能量既不能凭空产生，也不会无故消失，只能从一个物体转移到另一个物体，或者从一种形式转化为另一种形式。

那么，我们是否可以借助频率的调整从外界吸取能量呢？

1665年荷兰科学家贺金斯（Christian Huygens）发现了"共振现象"（Entrainment）：当两种有着不同周期的物质能量相遇时，振动韵律强大的物质会使较弱的一方以同样的速率振动，即共振现象。

事实上，这种现象在我们日常生活中随处可见，比如未振动的琴弦会受强烈振动琴弦的影响而一起共振；某女高音的声音能震破玻璃杯，因为她高频的歌声（无形）能提高玻璃杯（有形）的振动速率，当振动达到某一程度，玻璃杯会因无法再维持玻璃的形状而破碎。

再想想我们自己，当你的内心被某人、某物、某事所深度撼动时，就会感到"惺惺相惜"或引发共鸣，这就是"心灵感应"。

因此，我们要接收外界的能量，首先要调整自己的状态（频率），使频率同外界进行对接，然后获得传输而来的能量。

那么什么样的频率对应什么样的能量呢？

根据美国著名的精神科医师大卫·霍金斯（Dr. David R.Hawkins）的"能量级别论"，我们的频率只取决于我们的内心和意识，那些善良、大爱、祥和的意识都属于高频率，反之，那些嗔恨、发怒、怨恨、嫉妒、自私的意识频率都很低。

这就是所谓的起心动念，你的心一动，整个世界都变了。

弄明白了这一点，那么我们具体该怎么做呢？

首先，我们要使自己的内心安静下来，静下心来就意味着你开始减少能量的消耗。比如，道家讲究虚极、静笃，只有虚，才能开始从太空宇宙中吸收能量。而静的最高境界就是让自己无限趋于虚无，这样能量才能流进来。

该如何去做呢？这就好比在问一滴水怎样才能永远存在而不消失，答案是把它归入大海。

其次，最高层次的静就是把自己融入万物运转的时空循环当中。

其实中国人自古以来就崇尚天人合一。大到宇宙天体的运行，小到人体的五脏六腑，其运行在逻辑上都是一样的，这也就是我们所说的"道"。

对于很多悟道、修行的人来说，打坐、苦思、冥想的本质，其实就是调整人体的运作状态，使身体的运作秩序同外界的宇宙天体一致。

在佛家的禅修中，禅定让自己的大脑和全部身心处于高度安静的状态，这个时候你的大脑就像超导体一样。你的心就是整个世界，当你充满着欢喜心、慈悲心、包容心的时候，时空的正能量就会源源不断地流入你的身体；人一旦到了这个境界，自然地就能产生敬天爱人、爱护众生的仁慈。

反之，如果一个人的内心总是充满恶念、嫉妒、抱怨，就会感召到时空里的负能量，从而让自己加速堕落。比如大卫·霍金斯发现，凡是生病的人一般都拥有负面的意念。这些负面能量也是导致癌症等疾病的原因。

乔布斯也有禅修的经历。乔布斯把禅修的重要性提到了一个极高的位置，他把践行内心的天性当作一生的做事守则，通过禅修找到真我、直觉和人生事业的方向与答案。他那独具慧眼的战略思考以及艺术唯美的产品设计，相信一定来自于禅修带来的正能量。

你是一个什么样的人，你的每一句话、每一个行为就形成了你的整个世界。

这就是很多天才成功的原因，他们的内心蕴藏着无穷的智慧，他们心念一动，就会调动大量的正能量来帮助其完成所要完成的事业。

所以，我们人类的能量从哪里来呢？初级能量从饮食中获取；中级能量从大脑中获取；高级能量来自于更高境界的空间。

世界上很多科学家、政治家、商人、明星都有自己的信仰。很多天才，他们之所以能成功，往往来自瞬间的灵感。人类很多重大的发明往往都来自于灵感，而灵感的本质其实是来自于时空的能量。

讲到这里，水木然再也不敢妄言，但能确信的一点就是，善心和安静能赐予一个人无限的能量。

对于我们每一个普通人来说，我们一定要深刻意识到自己的体内都蕴含着无限强大的能量。

现在大家最需要做的是把心静下来。

再回到开始讨论的问题：人类先后经历了农业革命、工业革命、信息革命，下一场大革命究竟是什么？水木然认为将是"能量革命"。

当然，东西方人获取能量的方式是不同的，我们上面探讨的仅限于东方人类的思维和办法，而在地球的另一端——美国硅谷，早就掀起了一股"长生不老"风。

硅谷那些大佬都在朝一个方向努力着。

《从0到1》的作者彼得·蒂尔痴迷于"长生不老"早已是硅谷圈子里人人皆知的事，他坚持每天服用生长激素，甚至还预定了"人体冷冻"计划；过去几年里，一向"不务正业"的谷歌在生命健康领域投入重金；比尔·盖茨参与能够帮助人类提高寿命的疫苗的开发；亚马逊创始人兼CEO贝索斯则致力于开发减缓衰老的业务；扎克伯格与夫人将投入30亿美元，想在21世纪消灭所有的疾病等……

不同的东西方文化背景决定了大家努力方式的不同。但是有一点是一样的，那就是人类正在超越自身。

放眼四望，物质财富已经不再是人类的终极目标，从物质世界获取满足的时代已经过去。

水木然相信，未来会有越来越多的人通过探求生命的本质，来获取改变世界的能量。

第五章

经 济 新 格 局

大秦帝国

战国时期秦国的秦孝公即位以后，决心图强改革，便下令招贤。商鞅自卫国入秦国，并提出了废井田、重农桑、奖军功、实行统一度量衡和建立县制等一整套变法求新的发展策略，深得秦孝公的信任，任命他为左庶长。在公元前356年和公元前350年，先后两次实行以"废井田、开阡陌，实行郡县制，奖励耕织和战斗，实行连坐之法"为主要内容的变法。

经过商鞅变法，秦国的经济得到发展，军队战斗力不断增强，发展成为战国后期最富强的封建国家。

一、商鞅出世

战国时期，诸侯国之间的关系是你死我活，丛林法则开始在中国盛行，因此在战国时期的人们看来，他们简直生活在一个末法乱世。

商鞅就出世于一个弱肉强食的年代，当时儒家思想已经不再被人们追捧，极端的乱象造就了他极端的人格，他奉行的是法家思想。

百家争鸣的盛况也在此时急剧萎缩。天下的知识分子、有才之士已经不再像老子、孔子和庄子那样追求价值和思想，而是热衷于能够迅速获取功名的权术。有志气的年轻人都在寻找一种短、平、快的创业捷径，这种情况和现在极其相似。

"治世不一道，便国不必法古"是商鞅的革新名言，商鞅的变法之道可以归结于为秦国发展的两次战略规划。

第一次规划是努力发展农业，储备粮食，奖励耕织，这是打基础阶段。

第二次规划是发展军事，奖军功，调动大家上阵杀敌的积极性，把所有的生产成果都转移到战场上。

在第一次规划里，商鞅废井田、开阡陌，鼓励垦荒、奖励耕织，小农经济开始兴起，这确实是社会的进步。

但是商鞅这样做的根本目的是为了确保从民间财富到军队资源的完全传输。必须保证对民间资源的强大汲取能力，才能不断发起并打赢战争。

这里有两组学者统计的数据，第一组是战争动员率，秦国成功动员了其总人口的8%～20%，而当时的古罗马帝国仅能动员1%，希腊也仅为5.2%。

第二组数据是从公元前356年（商鞅变法之年）到公元前221年（秦国灭齐国完成统一），全国共发生96场有大国卷入的战争，其中秦国发动了52场（占54%），并取得了48场胜利（占92%）。

这样的秦国，简直就是一部战争机器。

二、商鞅的重大举措

打击传统贵族

要知道在先秦时期，国家实行分封制和宗法制，很多土地、民众资源都掌握在贵族手里而不受君主的直接控制，传统贵族控制了社会的大部分资源。

诸如现在的很多公司也是这样，新上任的CEO都会将公司原来的管理层解散，然后自己组建新的管理层，来实施他的一套新战略。

为了彻底拆散当时的传统社会结构，商鞅甚至用成文律法，强制解散大家族，然后推行"无军功不授爵"的制度，奖励新兴阶层——"好战分子"。他是如何奖励的呢？

如果一个士兵在战场上斩获两个敌人"甲士"首级，他做囚犯的父母就可以立即被释放。如果他的妻子是奴隶，就可以转为平民。杀敌人五个"甲士"可拥有五户的仆人。打一次胜仗，小官升一级，大官升三级。

而且在军中，由于爵位高低的不同，甚至每顿吃的饭菜都不一样。三级爵位有精米一斗、酱半升、菜羹一盘，两级爵位只能吃粗米，没有爵位的普通士兵能填饱肚子就不错了。军功爵位还可以传子。如果父亲战死疆场，他的功劳可以记在儿子头上。真是一人得军功，全家都受益。

据后人统计，秦国在统一过程中斩杀的六国人数在150万以上。像白起这样擅长打"歼灭战"的将军出现在秦国是很正常的。因此秦国在先秦典籍中一般都被称为"虎狼之国"。

总之，商鞅变法的目的就是要让大家为了打仗而打仗，始终坚持以"打仗"为中心，这就彻底破坏了传统社会的组织架构，于是当时秦国涌现了很多新兴贵族，上演了一场轰轰烈烈的"军功造富"运动。

当然这有一定的进步意义，因为他打破了传统固化的社会，使很多底层百姓看到了升迁的希望。但是这也是撕裂式的财富重组，野蛮、粗鲁。底层人民翻身的方式，除了废井田、开阡陌之外，更重要的是奖励军功。然而善于打仗并不能代表先进的生产力，这就是"军功造富"和现在的"互联网造富"的本质区别。互联网代表了先进的生产力，打仗却是一种野蛮的行径，反而是文明的倒退，这是核心问题之所在。

拆散、弱化人民

在商鞅看来，国家要富强，民众必须是"弱民"、"愚民"。他认为除了农耕和作战，其他行业的人士，如隐士、学者、游士、手艺人等人若想法太多，容易提升民众的文化和意识，让民众见异思迁，对国家的稳固不利。我们都知道秦始皇焚书坑儒的故事，其实当时商鞅就向秦孝公提过焚书的主张，不过直到100多年后才被秦始皇兑现。

商鞅"垦草令"的基本内容就是8个字：全民皆农，灭绝百业。商鞅不会因战功、农耕以外的任何理由奖赏百姓。为了让大家死心塌地埋头种地，他还阻止商业，禁止粮食贸易，不许有雇工现象，杜绝劳动力市场，让你不种地就没饭吃。想做生意？重税！重税！再重税！让你无利可图。他规定商人的雇员必须服役，而且秦国的脏活、累活等统统是商人先上，这使得秦国的商业急剧倒退。

这就是商鞅"国富民弱"的核心逻辑，"民众贫穷，国家才能富强。"国家要定时去打仗，否则饱暖思淫欲，民众就会有在耕种、打仗之上更高层次的欲望，商鞅称之为"民平则慎，慎则难变"。商鞅还明令"民无得擅徙"，禁止百姓擅自迁居，以上统称为"一民"的政策。

除此之外，还控制包括土地、山林、盐铁在内的核心资源，实行严格的"国家授地制"，"山泽之利"等资源全部归国家掌控，这就是"一山泽"政策。

商鞅就是这样为秦国缔造了一支强大的军队和一群愚昧的百姓。在商鞅死后很多年，荀子西游秦国的见闻是，这里的百姓都很愚昧、顺从，他们目光呆滞，躲避官府。

显然，此时的秦国百姓都成了一个个随时待命的棋子，这使得秦国动辄能够出兵发动大规模战争，或者征发上百万人营造宫室陵墓。

究其本质，商鞅变法就是要把秦国民众统统变成两种人：一种是农民，一种是战士；一个是只会耕地的牛，一个是只会拼命杀敌的狼；一个在后勤，一个上前线，都为战争服务！而且农民和战士都必须愚昧无知、卑贱贫穷，这样才能用爵位和财物之类的小恩小惠让他们服从。

所以商鞅和秦孝公都是急功近利的实用主义者，为了理想中的大国崛起，无论执行怎样难以理喻的政策都在所不惜。

用现代人的观点来说，这就是所谓的"执行力"。实际上最多就是表面强大、执行力强，绝不是一条可持续发展的道路。

三、商鞅变法的反思

商鞅变法最大的进步在于他让土地得到了流通，最大化地被开垦。同时那些既得利益者失利，让那些一无所有的草根有了上升的通道，他打开了那个固化的社会，让民众看到了升迁的希望。

商鞅变法之所以能够成功，在于他抓住了问题的核心所在。在当时的世道，能打才是硬道理！他用简单的、易于操作的、见效快的办法，折腾出一个杀气腾腾的秦国。抓农业等于打仗有了保障，抓军事是为打仗做好准备。

所有少年得志的创业型公司，都有要颠覆一切、横扫一切的原始诉求，更何况秦国一直被他国忽视和歧视。所以秦国在发迹之后，拼命去消灭传统的东方列国。公元前230年，灭韩国；公元前228年，灭赵国；公元前226年，攻占燕都；公元前225年，灭魏国；公元前223年，灭楚国；公元前222年，灭燕国；公元前221年，灭齐国。短短9年时间就完成了统一大业。

这种野蛮式的发展路径可以使一个国家在最短的时间变成一部战争机器，但如果把它作为长期国策，必定会溃败。商鞅指挥下的秦国，其文化、商业模式和市场定位等只适应"打天下"的阶段，如果依然用这种方式治理天下，必然大乱。

秦国统一中国之后，应该安抚天下，立刻对"战争机器"的国家进行转型升级，但根深蒂固的思维方式让其还在这条不归路上狂奔，诸如秦始皇的焚书坑儒、修万里长城、建阿房宫、修陵墓，依然还是采取原来的野蛮方式。

大秦帝国已经是统治者了，却还把自己当成掠夺者。

于是，一句"天下苦秦久矣"的口号以星星之火可以燎原之势，迅速集结为一股强大的反秦势力。大秦帝国虽然实现了千秋霸业，但只维持了14年就宣告灭亡，然后"六王毕，四海一"。

然而，"王侯将相，宁有种乎？"很多百姓翻身的根本目的并不是为了天下太平，而是不想被压迫，想去压迫别人，这才是最可怕的。

今天你骑在我头上，明天我就要骑在你头上，无休止地循环。

创业者的价值观决定了这家公司能做多大、走多远，而社会的主流价值观决定了创业者的价值观。

从现代企业发展的角度来看，很多互联网公司的发展也很野蛮，它们不顾一切地收买用户，用暴力、原始的手段提高数据和流量，为什么不扪心自问：自己究竟是用价值吸引了用户，还是用眼前的利益收买了用户？进一步而言，自己的商业模式究竟有没有为社会创造实际价值？有没有代表先进的生产力？

再从社会的角度来看，现在的社会人心躁动，人人都想创业，到处充满功利主义和务实主义，盛行胜者为王的丛林法则。这种状态与战国时期如出一辙，如果缺失人文关怀和更加文明的指引，再强大的体系都会顷刻间分崩离析。

因此，全世界都在期待一家能够重塑世人价值观的公司出现。

中国互联网称雄

一、差距与出奇制胜

1969年10月29日，因特网的前身阿帕网在加州大学洛杉矶分校（UCLA）第一节点与斯坦福研究院（SRI）第二节点连通，实现了分组交换网络的远程通信，标志着世界互联网正式诞生。

1983年，美国国防部研制成功用于异构网络的TCP/IP协议，美国加利福尼亚伯克莱分校把该协议作为其BSD UNIX的一部分，使其在社会上流行起来，从而诞生了真正的Internet。

此时的中国还处于改革开放初期。

11年之后，也就是1994年4月，雅虎创始人杨致远与大卫·费罗（David Filo）推出了互联网导航指南，着手制定互联网世界的游戏规则。那一年中国最伟大的壮举是三峡工程开工，1994年4月20日，中国通过一条64KB的国际专线接入国际互联网，中国互联网诞生了。

这就是中国互联网和美国互联网的差距。

相信当时的中国没有任何一个人敢去幻想这样一个事实：20年之后，中国的互联网产业将和美国并驾齐驱，成为世界公认的互联网强国，一起包揽了全球互联网公司前10强，美国占有六席，分别是谷歌、Facebook、亚马逊、易贝网、Priceline和雅虎；中国是阿里巴巴、腾讯、百度和京东。

因此，如果说中国经济是世界经济史的一个奇迹，那么中国互联网完全可以称得上是世界产业史的一大奇迹！

中国互联网究竟是如何"瞒天过海"的呢？

一切都是最好的安排。1994年诞生的中国互联网，既不隶属于当时的邮电部，也不隶属于其他政府部门，而是诞生于一个中科院牵头的科研项目"NCFC"。1997年，主管域名的CNNIC（中国互联网络信息中心）成立，就放在中科院这样一个科研单位，也就是说，早期的互联网由产业部门主导，这就使中国互联网遵循了"先发展，后管理"的理念，非常有利于新产业的开拓探索，为互联网提供了肥沃的土壤。

CNNIC成立的1997年，被公认为中国互联网元年，这一年中国早期最知名的三家互联网公司都呱呱坠地了，它们是搜狐、网易和四通利方（新浪前身）。它们引领了中国互联网的第一波浪潮，并先后在美国上市，奠定了中国三大门户网站的江湖地位。这也是中国互联网的1.0时代。

但是，真正铸就了互联网奇迹的反而是一批后来者。1998年创立的腾讯，它将"人"和"人"进行了连接；1999年创立的阿里巴巴，它将"人"和"商品"进行了连接；2000年创立的百度，它将"人"和"信息"进行了连接，形成了中国互联网的三足鼎立之势。这是中国互联网的2.0时代。

毫无疑问，当时的互联网创业是非常辛苦的，后任阿里巴巴人力资源总监的张璞这样形容第一次去阿里巴巴面试时的感受："到了湖畔花园后，感觉这个公司有点怪，像个皮包公司。黑灯瞎火（因为停电），门口摆着一堆鞋，房间的地毯上躺着20多个人，有臭味……"

但是，正是这种志存高远、艰苦求生的创业精神，才支撑了中国互联网产业的发展。这种精神也激励了无数的青年以马云为目标，不断地开拓，成为了中国的新经济引擎。

二、其他国家的互联网产业为什么不发达

语言

互联网与制造业不同，制造业是以产品为基础的产业，产品可以标准化；而互联网是以沟通为基础的产业，所有的沟通交互都离不开统一的语言表达。

美国有3亿多人口，互联网容易形成产业，而且美国的官方语言英语也是世界通用的，因此美国的互联网产业很容易向世界范围扩张。

而在欧盟，人口最多的是德国，也只有区区8000万人口，不足我国一个省份的人口。几十个国家拼凑而成的组织，文化分裂、语言纷杂，德语、法语、西班牙语等，想发展互联网产业真的很难。

所以欧洲的制造业可以领先，但互联网却很落后，直到现在，整个欧洲也没有一家大的互联网公司。正所谓"风水轮流转，各领风骚数百年。"第一次工业革命和第二次工业革命的发源地都是欧洲，然

而第三次工业革命和第四次工业革命都是信息革命，欧洲真的有点落伍了。

举个例子，比如你想在荷兰开发一个像谷歌一样的搜索引擎，那么初期你得雇用1000个工程师，但问题是，一个不足2000万人口的荷兰，市场能否支撑起这么大项目的运转？

而中国拥有13亿人口，统一用汉语，这成就了互联网发展的最好土壤。

人口

欧美、日本这些国家的商业环境是"地廉人贵"，而中国的商业环境是"地贵人廉"。

正是因为中国的"地贵"，导致线下实体店租金成本高，成本最终传导到商品价格上。而网上商品无须支付昂贵的租金，所以网购才那么受欢迎。

中国的"人廉"还主要体现在有大量廉价的劳动力去做快递员（中国以前的廉价劳动力在工厂，现在的廉价劳动力在路上），可以做到江、浙、沪6元包邮、隔天到货。但是这在欧美很难做到，因为人力成本很贵。在中国买一桶水可以免费送到家，在欧洲就送不起……

另外，互联网拼的就是规模效益，比如同样开发一个网站或者APP，8000万人使用是这个成本，13亿人使用也是这个成本，边际收益则不可同日而语。

归根结底，中国的互联网是承接了中国制造业的人口红利。这就是中国的电子商务水平超过了美国的根本原因，中国最终成了世界上电子商务最发达的国家。

另外，欧洲的高福利使人们已经丧失了强烈改变自身处境的意愿，满足于安心踏实的现状。而中国的社会保障体系不够完善，再加上急剧攀升的房价，很多人迫切地想改变自身境遇，而创业成为社会几乎唯一的上升通道，互联网也成了最佳的选择，因为它不需要多么雄厚的基础，需要的只是创新和吃苦耐劳的精神，因此涌现了一波又一波的互联网创业浪潮。

三、为什么美国的互联网在中国都会失败

先来看看法国一家媒体的报道：当整个欧洲大陆都被谷歌、苹果、Facebook、亚马逊等网络巨头霸占时，中国互联网的发展却对这些企业建起了铜墙铁壁，这种现象在世界上是独一无二的。在中国有可以和谷歌对抗的百度，有可以和Facebook对抗的微博、QQ

空间和人人网，有可以与易贝和亚马逊对抗的阿里巴巴，有可以和YouTube对抗的土豆和优酷视频，更有中国自主研发的操作系统，使得Windows的地位岌岌可危……中国成为唯一一个没有被美国网络巨头所侵蚀的国家。

大家一起来思考这样一个问题：美国的肯德基、星巴克、通用、宝洁等大公司，在中国都获得过成功，而美国的互联网企业为什么在中国一个个败走麦城？

远的例子有：雅虎收购"3721"进入中国市场，失败了；易贝收购当年最大的C2C网站易趣网，花了几个亿做市场营销，结果市场份额从90%变为不到10%；谷歌进入中国后，几年间市场份额从30%跌到10%，最终宣布退出中国。

近的例子有：优步一直想吞并中国市场，然而僵持那么久，实在无力和滴滴抗衡，只有和滴滴合并。

要知道谷歌、Facebook、雅虎、易贝等这些公司的入侵性都是很强的，那么，中国是如何形成互联网的铜墙铁壁的呢？那是因为美国擅长的是"工序标准化"的能力，这种能力主要体现在实物上，不仅保证了统一的产品标准、口味，还蕴含了品牌的价值。

然而互联网只是一种工具，工具讲究的就是实用。比如对于中国的年轻人来说，可能会觉得使用苹果手机是比较有面子的事情，但不会觉得使用Facebook会很有面子，因为它不是一件属于个人的实物；比如究竟是用滴滴叫车还是用优步叫车，只取决于服务的速度和质量，互联网的价值仅仅体现在使用价值方面，并没有品牌溢价。

美国的互联网公司属于西式文化体系，中国的互联网属于东方文化体系，要知道很多逻辑都是截然相反、相悖的，这就使中国本土的互联网公司容易占据上风，因为它们更了解中国人，更懂得中国国情，谷歌就这样败给了百度，Facebook也攻克不了微信。

四、中美的互联网竞争核心在哪里

中美互联网的关系可以分为两个阶段。

第一个阶段：Copy to China（美国模式照搬到中国）。

第二个阶段：It's time to copy China（是时候复制中国的模式了）。

曾几何时中国只要将美国的互联网模式照抄到中国，就可以获取成功，而如今大量的中国互联网公司开始大批量向海外反向输出商业模式。

"三十年河东，三十年河西。"以前我们还可以有坐标去借鉴，以后只有靠我们自己去摸索。

总体上来说，现在中美互联网最核心的区别在于，中国倡导的是"互联网+"，美国惯用的是"+互联网"。

"互联网+"的本质是以互联网为主导，从而建立起全新的一套系统去取代传统产业，比如淘宝取代实体店、滴滴取代出租车等，所以这是革命性的冲击，它对传统产业是摧毁式的。因此，新兴经济和传统产业往往是针锋相对的。

"+互联网"的本质是在传统产业基础上，直接插上互联网的翅膀，让它们去飞翔，这适合传统产业发达的国家，比如美国10大电商里有7个是传统企业，如沃尔玛、史泰博。它们不要求摧毁传统，只要求改进传统，所以这只是一场变革，是温和式的创新。

这样就塑造了不同的发展思路，比如硅谷的很多创新就是使各种硬件互联网化，如谷歌眼镜、无人驾驶汽车、亚马逊的无人机快递等；再以O2O为例，美国百货业O2O主流方向是Online to Offline，从线上到线下；而中国百货业O2O偏重Offline to Online，即线下到线上。

因此，互联网对于中国来说是战略，对于美国来说只是工具。这里没有谁对谁错的问题，因为不同的情况必然有不同的路径。

《周易》上有句话："在天成象，在地成形。"中国就是"形而上"，谓之"道"。中国人很重视"象"，认为它支配着"地"上的一切"形"和"器"。而美国就是"形而下"，谓之"器"，认为器才代表着世间的一切。这其实就是中西方不同的哲学观。"自上而下"和"自下而上"，两强终会相遇，交锋在所难免。

五、中国为什么需要世界互联网大会

美国作为这个世界传统规则的制定者，掌控了全球的货币引发（美元）、货物的流动（TPP，跨太平伙伴关系协定）。而现在，摆在我们面前的是一个需要拯救的世界，各国经济深陷泥潭，迫切需要中国去注入新的活力。互联网给中国带来了新经济，中国又成了世界经济的希望。

如今无论是中国还是美国，都在向世界输出自己的互联网模式。美国仍然企图用大数据和云计算来制定新的世界规则，而中国的互联网发展却向美国发起了挑战。正如我们前面所言，百度追求的是连接"人和信息"，阿里巴巴追求的是连接"人和商品"，腾讯追求的是连接"人和人"。BAT三者共同追求的是将"人"、"信息"、"商品"

三者互相连接起来，这三者分别代表了人类的社交、感知和交易三大行为。一旦它们建立了连接，将发挥1+1+1远远大于3的综合效应。因为这三者是可以互相作用的，连接起来就可以发生裂变和聚变的效应，瞬间聚合、张力无限。

这正是"互联互通、共享共治——构建网络空间命运共同体"的深刻洞解，中国改写的不仅仅是商业，而是整个世界的规则。

未来的货币流、信息流、产品流都将依托互联网去完成，"互联网+"是中国治理全球最好的工具，也是斩断美国霸权的一把利剑。

第三节

―――――――| Section |―――――――

中国引领世界

一、临界点

综观人类5000年的历史，曾先后经历过许多拐点，如火的发明、文字的发明、铁器的发明、蒸汽机的发明、电动机的发明等，每到一个拐点世界都会发生重大变化。

而现在，我们正在经历下一个拐点（临界点），这一拐点的标志就是互联网从技术时代跨入了应用时代，整个世界的资源将被打乱重组，国际秩序也将被推倒重建。

传统的机制已无法再使地球加速运转。

传统的全球化过去都是由西方引领，由欧洲开辟，再由美国发扬光大，形成国际秩序的"西方中心论"，导致东方从属于西方，农村从属于城市，陆地从属于海洋等一系列不平衡、不合理效应。然而，这种结构已经越来越无法维系下去了。2008年的金融大危机、后续的欧债危机和可能即将爆发的新兴市场危机，全球经济陷入振荡的漩涡，无法自拔。

因此，我们可以预见，在接下来的一段时间内日本停滞的发动机仍会怠速；新加坡的位置红利殆尽；欧洲始终在高福利的泥潭里挣扎；而美国已经把所有制度、人口、资源、货币红利用到了极致，特朗普当政以后完全不知所向。

根本原因是很明显的——由于美国的金融泡沫使得它的需求总体内卷化，这就导致对全球其他经济体（包括制造国和资源国）涓滴效应下降。涓滴效应指的是，在经济发展过程中并不给予贫困阶层、弱势群体特别的优待，而是由优先发展起来的群体通过消费、就业等方面惠及贫困阶层或地区，带动其发展和富裕。

这才是全球化停滞和世界经济复苏乏力的根本原因。

各种迹象已经反复证明了一件事，全球经济已经遇到了一个奇点。美国这个老火车头，再也拖不动世界了。

美国主导的全球化寿终正寝，这是世界的危机，却是中国的机遇。美国一直认为全球经济秩序应该由它主导的国际货币基金组织（IMF）、世界银行（WB）和亚洲开发银行（ADB）"联合主演"。中国的"亚投行"和"一路一带"、G2O、自贸区、世界互联网大会等，完全就是给世界另起炉灶。

中国通过30年在美式全球化环境下的血汗打拼，使得中国经济和世界经济高度关联。中国也早已开始潜心总结这30年的成败得失，我们用30年的时间走完了西方国家300年的路之后，又站在了历史的岔路口开始张望。这次我们责任更大，因为我们每迈进一步，世界都将紧随其后。

的确，中国是这个世界的希望，只有中国才能带领世界走出泥潭，新的世界一体化正在形成。

二、从制造业大国到互联网强国

在改革开放的30多年里，中国为世界贡献了各种各样的产品，诸如服装、玩具、电子产品等，我们是世界工厂。

在未来的30年里，中国会继续秉承改革开放的宗旨，中国给世界的贡献将不再只是各种产品，而是能深刻影响人类和世界发展的思想武器。要想输出自己的思想，中国必须依靠互联网，把自己变成互联网强国。

美国人为什么说大数据是未来的石油？因为他们深深地知道，信息决定着一个世界的未来。

过去30年，全世界IT创新的源泉来自硅谷，汇聚了无数智慧和产业。对中国做技术的人来说，有一种痛是共同的，那就是主流的软件都是欧美IT厂商开发的。

但是最近的10年中，全球互联网经济将不再以美国为中心，而是以两个国家为中心，分别代表着世界最大的互联网人口和移动互联网的未来，这就是中国和美国。未来，以两个中心存在的互联网世界格局终将会变成大一统的局面。

如今无论是中国还是美国，都在向世界输出自己的互联网模式。美国仍然企图用大数据和云计算来制定新的世界规则，而中国互联网的发展却向美国发起了挑战。

中国的崛起需要两个30年。今天我们大致走过了第一个30年，还需要下一个30年。这就好比我们登山一样，越往后越累，消耗的能量越来越大，空气越来越稀薄。但是我们看到的风景和享受的境界，却已截然不同。

而对世界未来宏伟蓝图的设想，习近平主席在和平共处五项原则发表60周年纪念大会上的一段讲话很值得我们思考："我们应该把本国利益同各国共同利益结合起来，不能这边搭台、那边拆台，要相互补台、好戏连台。要积极树立双赢、多赢、共赢的新理念，摒弃你输我赢、赢者通吃的旧思维。"

西方文明是起源于地中海岸、爱琴海岸的海洋工商文明。文艺复兴之后，由于工业文明的崛起，逐渐发展为西方现代文明的形态。这样的工商文明意识中，在呼吁自由精神的同时还自然会有竞争意识，在提倡平等观念的同时还自然会有扩张意识。

中华文明源自大陆农耕文明，自给自足、靠天吃饭、宗族群居、经验为重，所以农耕文明的传统意识就是崇尚安定和谐、讲究天人合一、重视家国伦理、推崇祖先德行，体现为一种尊崇秩序、爱好和平、提倡互助、静气内敛的精神内核。

所以，当西方文明中的代表者在海洋工商文明形态的影响下，以冲突的眼光打量世界文明要如何对峙的时候，中华文明中的学者是在用大陆农耕文明的核心理念诠释着世界文明该如何相安。

反战争、忌动乱，所以，在中华文明这样的意识里，才有了天人合一而以和为贵，才有了自食其力而中正仁和。

中国有"各美其美，美人之美，美美与共，天下大同"的十六字箴言，这是中华文明最好的体现。

"各美其美"，就是守护各自的文化特征，耕耘自己的土壤，收获自己的果实，不侵略他人的家园土地，不驾驭他人的耕种法则。

"美人之美"，就是尊重他国的文化理念，君子和而不同、有成人之美，而非越俎代庖、掠人之美。

"美美与共"，就是丰富世界的文化多元，百花齐放、百家争鸣，而非一种标准、一家之言。

"天下大同"，就是人类文明的共同繁荣。"天下大同"出自儒家经典《礼运大同篇》，友爱他人，亲如一家，四海之内皆兄弟，人与人之间这样彼此相亲相爱的相处之道，其实也是文明之间彼此理解尊重的相安之法。

"各美其美，美人之美，美美与共，天下大同"，这样的文明共处之道，是在中华文明大地上源远流长的观念传统，正是有了如此高超的文明，才能支撑着中国不断地崛起！

第四节

—— | Section | ——

世界的58个变化

在本书的最后，我们对未来商业规律做了进一步系统梳理，分为个人、企业、国家、未来四大部分，希望给大家带来正能量和新的启示。

一、个人篇

（1）对于每个中国人来说，传统奋斗的五大关键词为背景、学历、资源、人脉、资历；今后奋斗的五大关键词为知识、创新、独立、个性、理想。以前是"学好数理化，不如有个好爸爸"，现在是"有个好爸爸，不如自己有文化"，中国的"新知识分子"将重登历史舞台。

（2）中国人正在由"外求"变为"内求"。外求即求关系、求渠道、求机会；内求即要激发起自己的兴趣、热情和希望。当你做好你自己，外界的东西就会被你吸引过来，这就是所谓的"求人不如求己"。

（3）中国正在兴起大量的自由职业者，社会的基本结构从"公司+员工"变成了"平台+个人"。每个人都将冲破传统枷锁的束缚，获得重生的机会，关键就看你是否激发了自身潜在的能量。这才是一场真正的解放运动。

（4）中国一大批有"匠心"的人的社会地位将获得提升，匠心的本质就是爱。那些脚踏实地的人，如程序员、设计师、编剧、作家、艺术家等，因为互联网已经把社会的框架搭建完成，剩下的将是灵魂的充实。

（5）未来每个人都是一个独立的经济体。每个人既可以独立完成某项任务，也可以依靠协作和组织去执行系统性工程，所以社会既不缺乏细枝末节的耕耘者，也不缺少具备执行浩瀚工程能力的组织和团队。

（6）未来的人可以分为三种格局：做事—做势—做局。初级格局是做事，靠人和工具；中级格局是做势，靠管理和规则；高级格局是做局，靠系统和制度。

（7）原来我们每个人都被木桶原理所束缚，即你的短板限制了你的综合水平，所以我们总在弥补自己的短板，而随着人们协作效率的提高，今后你的长处将决定你的水平。我们不用再盯着自己的短板，只需要将自己擅长的一方面发挥到极致，就会有其他人与你协作，这就是长板原理。

（8）我们的工作正由被动走向主动。以前为了谋生，我们需要依托固定的公司，在固定时间、地点重复固定的劳动，属于被动式劳动。未来社会的总财富是这样创造出来的：人们依靠自身特长，点对点地对接和完成每一个需求，充分融入社会的每一个环节，属于主动式创造。

（9）对于未来的每个人来说，有一件东西会变得格外重要，那就是你的信用。未来个人的财富路线是这样的：行为—能力—信用—人格—财富。在大数据和互联网的帮助下，你的行为积累出了你的信用值，然后以信用值为支点，能力为杠杆，人格为动力，联合撬动的力量范围就是你的财富值，也是你所掌控的世界的大小。

（10）中国人出名的方式先后经历了公司包装—参加选秀—成为

网红三个阶段。最开始的时候完全依靠影视娱乐公司包装，后来流行起了参加各种选秀节目，如超级女生/中国好声音等，现在开始做网红/女主播等。在互联网时代，出名不算什么难事，难的是拥有能够长期出名的真才实学。

（11）原来人与人之间讲究的是关系，今后人与人之间讲究的是规则。传统社会的关系网已经被不断撕裂，以价值分配为关系，新的连接正在形成，每个人都是一个节点，进行价值传输。而你所处的地位和层级是由你所带来的价值决定的。当人人都在讲规则，道德自然就会兴起。

（12）中国人的奋斗可以分为三种境界：第一种境界是我奋斗了18年，才和你坐在一起喝咖啡；第二种境界是我奋斗了18年，不是为了和你一起喝咖啡；第三种境界是我奋斗了18年，终于不再需要陪你一起喝咖啡。未来人的独立性会越来越强，但协作性也会越来越强。和而不同，正在成为人与人之间直接的主流关系。

（13）未来的每个人都能拥有自己的产品。如何实现呢？逻辑关系应该是：创意—表达—展示—订单—生产—客户。当你有一个想法时，可以先表达出来，然后在平台上进行展示（这样的平台会越来越多），吸引喜欢的人去下单，拿到订单后可以找工厂生产（不用担心量太少，今后的生产一定会精细化和定制化），再送到消费者手里，因此很多小众的梦想和爱好都将得以实现。

（14）信仰的逻辑关系：规则—秩序—道德—信仰。互联网正在帮助中国建立一套合理的社会结构，让每个人都能发挥所长，按照规则运转，在此基础上形成一种新秩序，如契约精神。遵守秩序就是遵守道德规范，那么信仰就会水到渠成。

二、企业篇

（15）中国产业的结构：一维的传统产业—二维的互联网产业—三维的智能科技产业。一维世界正在推倒重建（实体经济的重组），二维世界被划分完毕（BAT掌控），三维世界正在形成。高维挑战低维总是有优势的，降维打击几乎是必胜的，所以网店将会冲击实体店，而微信的对手一定在智能领域诞生。真正的好戏还在后头！

（16）革完传统企业的命之后，互联网开始自我革命。新浪、雅虎、搜狐、网易是第一批沦为传统企业的互联网公司，阿里巴巴、淘宝、百度、京东是第二批沦为传统企业的互联网公司，腾讯将是第三批沦为传统企业的互联网公司。

（17）中国当下的企业分为三个等级：三等企业做服务—二等企业做产品——一等企业做平台。企业的出路唯有升级为平台。平台化的本质就是给创造者提供创造价值的机会，把自己变成一个创造价值的平台，未来所有的公司、企业、组织都将平台化。

（18）原来的企业是横向发展的，越做越大，涉及面越来越宽，因此企业越做越容易展开"同质化竞争"；今后的企业将是纵向发展的，越做越精，挖掘度越来越深。这种变化将使行业越来越垂直化，协作越来越完善。于是中国的企业结构越来越细分，越来越周密，企业与企业之间、行业与行业之间的独立性越来越强，"差异化共存"成为商业主流。

（19）所谓"一流的企业做标准"这句话已经不再成立。这是大工业时代的逻辑，所有产品都是被整齐划一的，标准的制定者可以坐享其成。未来所有的标准只有一个，那就是你能否满足消费者的需求。而消费者的需求一定是个性化、多元化的，它对企业有两方面的要求会比较高，第一是提供定制化的能力（科技）；第二是对接消费者的能力（互联网）。

（20）"雇佣制"时代已经过去，"合伙人"的时代已经开启。无论你愿意出多少钱，你都很难雇用到一个优秀的人才，除非你与他合伙。大胆、大度地把股份转让出去吧，海纳百川，有容乃大。

（21）中国电子商务进化论：B2B—B2C—C2C—C2B—C2F，从商家对商家到商家对个人、个人对个人、个人对商家，最终是个人对工厂。未来每一件产品，在生产之前就知道它的顾客是谁，个性化时代到来，乃至跨国生产和定制，这将彻底打破美国主导的全球产业链和贸易结构。

（22）中国互联网的进化论：传统互联网—移动互联网—万物互联。传统互联网即PC互联网，它解决了信息对称；移动互联网解决了效率对接；未来的物联网需要解决万物互联，即数据自由共享、价值按需分配。各尽其才、各取所需。

（23）互联网改变世界的方式，正在从"信息"革命升级到"效率"革命。上一个30年，世界诞生的很多互联网企业都是以"信息分享"为价值的，比如Facebook、谷歌、腾讯、百度、阿里巴巴等。但是眼下我们更需要真正解决世界物质的分配问题，要把物品摆在它最需要的位置，或者分配给最需要它的人。因此未来的30年，将诞生一大批垂直的应用型软件或平台，能够更好地分配世界的物质资源，解决产能过剩问题，创造更加普世的价值。

（24）中国媒体的进化论：传统媒体—新媒体—自媒体—信息流。媒体正在由集中走向发散，由统一走向制衡。自媒体的兴起将和传统媒体形成有益的补充，它使中国的话语权开始裂变，普通民众迫切要求参与公共事务的决策权，而未来人人都是一个自媒体，信息流的产生将使传统媒体消亡。

（25）中国营销业态的进化论：媒介为王—技术为王—内容为王—产品为王。传统广告总是依靠媒介的力量去影响人，比如央视的招投标。后来的互联网广告开始依靠技术实现精准投放，比如按区域、按收入、按时段投放。再后来社交媒体的崛起使好的广告能自发传播。而未来最好的广告一定是产品本身，最好的产品也一定具备广告效应。

（26）中国产业链的流向正在逆袭打通。以前是先生产再消费，即生产者—经销商—消费者。未来一定是先消费再生产，即消费者—设计者—生产者。因此，传统经销商这个群体将消失，而能够将消费者的想法转化成产品的设计师将会大量出现。

（27）未来所有的"经销商"都将变成"服务商"，他们不再依靠帮厂家售卖产品（赚差价）挣钱，而是依靠自己向消费者提供后续的增值服务赚钱，这有利于发挥他们的创造性和主动性，也有利于产品的售后服务。

（28）中国商业的利润先后经历了暴利时代—薄利时代—厚利时代三个阶段。所谓暴利时代存在于改革开放初期，当时产品紧缺，需求量大，而且信息不对称；后来电子商务兴起、产能过剩，导致商家恶性竞争，开始打价格战、促销，于是进入了薄利阶段；而今后的产品开始走向个性化、定制化和个体化路线，产品的增值空间被打开，从而步入厚利阶段。

三、国家篇

（29）国家与国家的竞争，先后经历了资源竞争—制度竞争—文化竞争三个阶段。一个国家的财富最开始靠自然环境，比如中国自古水土丰饶，四大文明古国都是诞生在资源富饶的地方；后来开始依靠制度，比如西方率先爆发了资产阶级革命，然后诞生了现代社会制度和体系，并引发了工业革命；未来靠什么呢？靠文明！一个国家的文化最终决定了这个国家能走多远、飞多高。

（30）中国经济的增长动力先后分别是"权力驱动"—"市场驱动"—"需求驱动"。最开始的改革开放是政府引导，所以权力发挥了很重要的作用；后来逐渐切换成了市场主导，但是导致无序化竞争，出现了产能过剩；今后的一切生产都将以消费者的需求为出发点，以创造价值为目标。

（31）中国经济模式的进化论：计划经济—市场经济—共享经济—共产经济。在计划经济阶段，中国实行"按计划生产，按计划消费"；后来是市场经济，中国开始"按市场生产，按利润分配"；今后我们将以消费者的需求为出发点，开始遵守"按消费生产，按价值分配"；未来的中国一定会"按需求生产，按需求分配"，创造无限接近需求，这就是共产主义。

（32）中国商业的本质正在从"物以类聚"转换到"人以群分"。原来的社会结构按"物品"归类，未来的社会按"人群"归类。相同爱好、志向的人很容易汇聚到一起。

（33）中国商家和消费者的关系可以分为三个阶段：买卖关系—服务关系—共生关系。以前买和卖是商业的基本逻辑，核心是产品，其次是差价和利润；后来演变为以满足消费者一切需求为基本逻辑，核心是服务，其次是产品的虚拟化、增值化；未来的商家和消费者的界限将越来越模糊，每个消费者都将成为一名生产者，价值共享。

（34）中国互联网衍生出了三大新兴的经济形式：个体经济—共享经济—零工经济。个体经济中自由职业者大量兴起，它象征着自由；共享经济中人们开始分享自己的资源，它象征着分享；零工经济中人们主动上门为别人服务，它象征着奉献。这三大新模式不断蚕食主流的商业模式，正在诞生新的商业文明。

（35）中国经济正在先裂变后聚变。裂变指的是企业和组织大量断裂，很多自由职业者被释放，而同时这些自由个体又在不断地重组，为了共同完成一个项目，他们可以招之则来、来则能战，灵活、独立又可高度协作。可以肯定的是，无论是裂变还是聚变，都将释放很大的能量。

（36）中国城市格局正在改写。"北上广深"正在演变成"北上深杭"。传统贸易的衰落将广州拉下马，跨境电商的兴起将杭州扶上位。未来中国的城市格局将是"北京的权力调控+上海的金融运作+深圳的智能科技+杭州的电子商务"。

（37）中国的经济重心正在南移。随着中国重要的港口、钢铁、航运等巨头公司被南方兼并，南方将以工商业为主，北方将以劳动力和资源输出为主。这将有利于中国产业结构的分层，进入区域协同发展的阶段。

（38）原来中国的基本细胞是"企业"，社会上的每一个需求和供给往往都是由企业对企业来完成的，而今后中国的基本细胞是"个人"。供需双方很多都在个人化，中国的社会结构将越来越精密细致。可以做一个这样的比喻：如果中国经济好比是血液循环，那么今后它的毛细血管会更加丰富，输送和供氧能力会更加强大。

（39）最理想的社会状态是依靠利益关联进行互相制衡。在互联网时代，每个人都与外界有无数个连接点，依靠这些连接点，每个人都将直接绑定自己的行为，贪婪、懒惰、无知作为人性的负面，都将被自然克制。

（40）2017年将是工薪阶层最纠结的一年。打工的本质是定价出卖自己的劳动力，并不承担结果。今后每一个人必须主动思考和去解决问题，并竭力发挥自己的特长，为社会和他人创造价值。因此中国人的工作方式正在从"谋生"向"创造"升级。

（41）2017年也将是传统经商者最困难的一年。传统社会信息的不对称造成了供给和需求始终是错位的，因此出现了一批商人从中谋利。而互联网搭建起的商业架构会越来越完善，今后两者可以随时精准连接。"经商"一词需要再定义，传统的经营思维彻底落伍了。

（42）中国商业的角逐先后经历了地段—流量—粉丝三个阶段。房地产经营的是地段，传统互联网经营的是流量，自媒体经营的就是粉丝。以前是没有调查就没有发言权，今后是没有粉丝就没有发言权。未来就是"影响力"和"号召力"之争，"核心粉丝"的瞬间联动是未来商业的"引力波"。

（43）机器人取代人的顺序：先由智能机器取代工厂里的蓝领，再由人工智能去取代写字楼里的白领。最终结果就是机器替代人类，人类相当于创造了一种生灵，于是人类成了机器的上帝。

（44）精神文明的红利期正在到来。传统的物质文明进展的步伐已经开始放慢，因为工业化已经将社会各项硬性设施布局完善，物质的野蛮增长期已经过去，而互联网又把所有的连接搭建完毕，柔性内容开始不断增长，新文化行业是下一个增长点。

（45）民富国强。每个人的行为都会围绕利益展开，而且目标简单而明确，财富分配不再需要依靠政府主导，而是一种公平、公开的价值回馈。汇聚大家之私，即成社会之公，此乃民富国强。

（46）中国人的财富形式先后经历了粮票（花钱的权力）—存款（现金数字）—房产（固定资产）—估值（虚拟财富）四个阶段。未来的财富形式一定是估值或市值，趋于虚拟和抽象，只是一个数字。即你拥有多少财富，并不代表你就可以随便花这些钱，而是代表你有支配这些钱的权力，财富的多少意味着调动资源的大小。究其本质，整个社会将越来越会呈现出共享化、公开化、公共化。

（47）中国进步的根本轨迹是：科技—商业—经济。科技进步是社会进步的最根本动力，随之会引发商业重组，进而使社会的经济模式发生根本变化。这就是"变革三部曲"的逻辑思路。其中，《工业4.0大革命》探讨的是科技创新；《跨界战争》探讨的是商业重组；《时代之巅》探讨的是经济模式。所以，如果我们的经济模式的繁荣不是以科技创新（实体）为基础，那么必将引发经济的泡沫。

（48）未来的社会就像一座围城，围墙正在形成，外面的人想进来，里面的人想出去。才华是人上升的最好通道。

（49）世纪经济制度正在走向末路。2017年世界各地将发生诸如英国脱欧、比特币上涨等黑天鹅事件，这恰恰是中国最好的机会，未来最有能力赢得世界的将是中国的传统文化。中国将引领全球把世界经济带入可持续循环的发展状态。

（50）中国未来将建立一个伟大的"超级互联网公司"，将BAT收入囊中，通过高效协作和行业细分来优化配置社会的各种资源，包括各种大大小小的、边边角角的零部件，不浪费一个螺钉、不放弃一个灵魂，将整个社会带入创造价值和吸纳人才的大循环。这家超级公司的股东就是人民大众，CEO就是政府。

四、未来篇

（51）以前我们只相信自己的眼睛，今后我们只相信自己的内心。常言道，眼见为实。但是随着科技的进步，诸如量子力学和虚拟现实技术的发展，让我们不再轻信眼中所见。VR（虚拟现实）可以让你置身于任何一个世界里；AR（增强现实）可以把任何事物带到你面前。

（52）原始社会人与人之间的关系是交换，奴隶社会人与人之间的关系是奴役与被奴役的关系，封建社会人与人之间的关系是剥削与被剥削的关系，资本主义社会人与人之间的关系是雇佣与被雇佣的关系，未来社会人与人之间的关系将是"协作"，这是人类社会的发展路径，也是人类文明进步的阶梯，一个环节都不能缺失。

（53）商业的本质无非就是一个大循环，它包含四股"流体"，即线上的货币流、信息流；线下的产品流、人群流。首先，我们要学会看大趋势，每一股流体的方向和趋势要看透。其次，最重要的是踩准节点，每一股流体都有N个节点，商业的本质无非就是给世界经济把脉点穴。

（54）世界经济的发展永远都是两股势力的交融，即互联网经济和实体经济、线上和线下。两股势力一边交合一边延展，类似于DNA状螺旋式延展，你上我下，我上你下。

（55）未来线上的大多都是免费的，包括文章、书籍、视频、电影、音乐等，很多的创造者都会无私地分享自己的作品；很多的生产者都有机会展示自己的产品；未来线下的一切都会是收费的，诸如影院、餐厅、演唱会、见面会等。究其本质，线上的资源呈现公开化、共享化，而线下的场景和体验将是消费的重点。

（56）改变世界的力量将从"互联网+"向"金融+"升级。这将意味着从"信息"到"时空"的升级，"金融+"的本质就是一种可以实现"时空转换"的魔法力量。

（57）个体崛起。世界正变得越来越细致、周密。以前各种关系是面对面发生的，进而发展成线对线，未来的世界将由各种"触点"（个体）构成。个体崛起将意味着各种"组织"的"下沉"，把舞台留给"个人"。

（58）全球1.0时代的前进动力是国家，出现了英国、美国这样的世界霸主；全球2.0时代的前进动力是企业，诞生了很多顶尖的企业；全球3.0时代的前进动力将是个人，未来将是个人主义的时代。因此，一切理论的研究重点必须从国家与企业、企业与政府的关系转移到人与人之间的关系上来，传统而经典的理论也将逐渐失效，社会的经济规律、法律制度、价值观和行为也将由此出现拐点。

以上这些变化都在朝着一个方向努力，那就是各尽其才，各取所需，和而不同。

不错，我们遇到了一个最好的时代。就像弹簧被压得越狠，回弹的高度就会越高，即使现在经济处于低谷，也希望徘徊不前的你能好好给自己定个位，然后在这个最好的时代里做一个最好的自己。

反侵权盗版声明

　　电子工业出版社依法对本作品享有专有出版权。任何未经权利人书面许可，复制、销售或通过信息网络传播本作品的行为，歪曲、篡改、剽窃本作品的行为，均违反《中华人民共和国著作权法》，其行为人应承担相应的民事责任和行政责任，构成犯罪的，将被依法追究刑事责任。

　　为了维护市场秩序，保护权利人的合法权益，我社将依法查处和打击侵权盗版的单位和个人。欢迎社会各界人士积极举报侵权盗版行为，本社将奖励举报有功人员，并保证举报人的信息不被泄露。

举报电话：（010）88254396；（010）88258888

传　　真：（010）88254397

E-mail：dbqq@phei.com.cn

通信地址：北京市海淀区万寿路173信箱

　　　　　电子工业出版社总编办公室

邮　　编：100036